JN418575

HOMESHARING

홈셰어로 만난 고령자와 청년의 'Live' House

서귀숙, 김주연 저

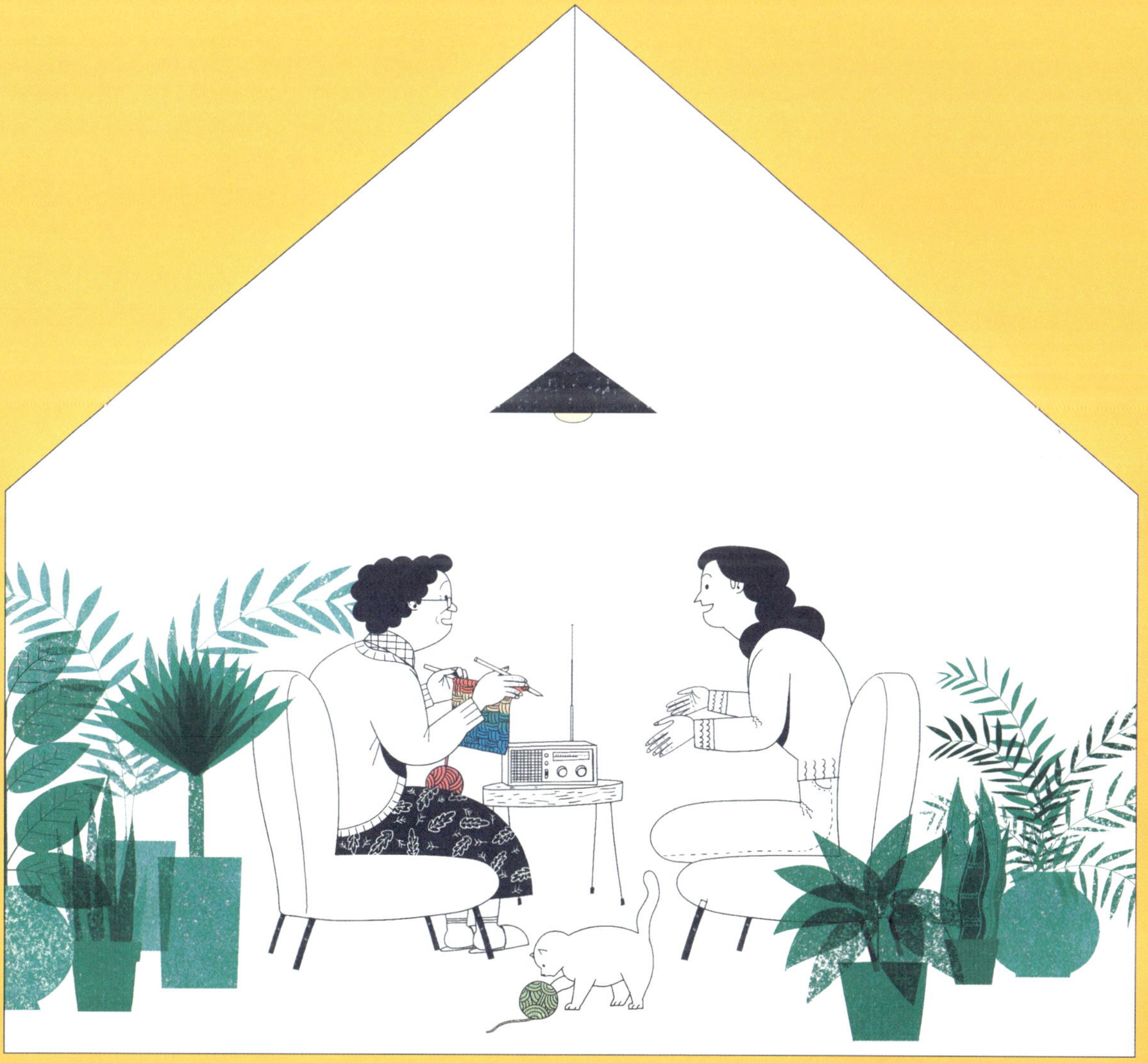

저 자 소 개

서귀숙 (숭실대학교, 건축학부 실내건축 전공 교수)

일본 교투공예섬유대학 조형공학부 건축학박사(Ph.D)를 취득하고 숭실대학교 건축학부 실내건축전공 교수로 재직 중이며, 공간디자인 및 계획연구, 지역문화와 함께하는 골목(alley) 디자인을 연구하고 있다.
또한, 고령자와 청년들의 homesharing 생활과 미래의 세대간 공유 및 세대교류에 대한 중요성과 삶의 가치에 관심을 갖고 연구하고 있다. www.homesharekorea.com

역 · 저서로는 『수납과 공간구성』, 『논문은 디자인이다』, 『디자이너 없는 디자인』이 있다.
kss@ssu.ac.kr

김주연 (숭실대학교, 건축학부 실내건축 전공 부교수)

뉴욕 NYSID에서 실내건축학(MFA)을 취득하고, 미국 설계사무소에서 인턴과 실무 후, 연세대학교 대학원에서 주거환경학과 이학박사(Ph.D)를 취득하고, 인월디자인 스튜디오를 운영하며 주거공간 설계에 대한 실무를 거쳐 현재 숭실대학교 건축학부 부교수로 재직 중이다. 뉴로디자인랩(ndlab.space) 운영에서 공간환경에 따라 사용자의 감성측정 평가 방법과 행동분석을 연구하고 있다.

역 · 저서로는 『디지털디자인다이어리 시리즈 Rhino, Sketchup&Lumion, CAD 편』, 『BIM archicad를 이용한 디지털실내건축디자인』, 등이 있다.
kyj@ssu.ac.kr

디자인편집 **하영진** (더레드)

이 책에 소개된 사례의 내용은 최대한 원문으로 표기하였다.
제보자가 동의하지 않거나 개인정보 보호가 필요한 경우 구체적인 이름은 생략하였다.
구술자료는 인용문으로 처리하고, 이해를 돕기 위해 약간의 가공을 했다.

시작하며

미국, 유럽, 아시아 등 세계적으로 공유문화가 확산되고, 이로 인한 삶의 가치관이 변화하고 있습니다. 개인 소유에 대한 의식이 함께 나눔의 의식으로 변화하는 것으로 볼 수 있다. 특히, 주거공간은 극히 개인적인 공간이다. 이러한 주거공간을 공유한다는 것은 물리적 공간의 나눔만이 아닌 삶의 일부분도 함께 공유하는 것이다.

홈셰어(Homeshare)는 주거공간과 삶을 공유하면서 살아가는 주거형태이다. 일반적으로 젊은 청년, 싱글족 또는 젊은 세대 가족들이 주거 공간의 부족 현상과 경제적 어려움을 해결하기 위해 만들어지면서 현재는 그 수요가 증가하고 있다. 젊은 세대들이 중심이 되었던 공간의 공유가 고령자까지 확장되는 세대간(Inter-generation) 공유문화가 그것이다.

고령자는 대부분 큰 집을 소유하고 있다. 자녀들의 탄생과 성장, 교육 등 생애주거를 거치면서 주거공간은 커질 수밖에 없었을 것이다. 그러나 자녀들은 성장과 결혼으로 부모로부터 분가 또는 출가를 하게 되고, 그 결과 큰 집에는 사용하지 않는 공간들이 늘어나고 고령자는 이러한 공간들을 다 활용하지 못한다. 고령자들은 주거의 이동보다는 가족의 삶이라는 정서적 추억이 남아있는 기존 주거에서 지속적인 거주를 희망하기 때문에, 빈 공간을 어떻게 사용할 수 있을지에 대한 것은 큰 고민이다. 즉 사용하지 않는 유휴공간이 탄생한다고 할 수 있다. 그렇다고 분가한 자녀들이 부모의 주거공간에서 함께 생활하는 것 또한 그렇게 상황이 호락호락하지는 않다.

고령자는 점점 더 나이가 들어가고, 나 홀로 집을 유지하며 생활하고 있다. 1996년 스페인 카타르냐 지방에서 시작되어 1인 독거 고령자의 고독과 고립을 해결하기 위해 대학생을 동거시키는 홈셰어(Homeshare) 프로그램이 시작되었다. 젊은이들에게는 저렴하고 안정된 주거에서의 생활이 가능하고 고령자에게는 자가의 활용과 지속적인 주거관리비부담의 경감, 한 지붕 아래서 함께 생활함으로서 외로움과 정신적인 안심감과 안전을 얻을 수 있는 사회복지적인 측면에서 유의한 거주형태의 탄생이다.

서울시는 2012년부터 홈셰어(homeshare) 사업을 계획하고 현재는 '한 지붕 세대공감'이라는 사업명으로 진행하고 있다. 실제 홈셰어 공유생활을 하고 있는 사례들을 찾아 방문하여 직접 보고, 듣고, 기록하고 촬영하여 고령자와 대학생의 이야기를 소개하고자 한다.

고령자와 대학생이라는 세대의 차이, 비혈연 관계에서의 공유와 협동생활이라는 거주문화가 아직은 어렵고 낯설은 이야기이다. 지금까지 혈연으로 구성된다는 전형적인 가족에 대한 정의는 이미 수정되고 있으며, 다양한 공동가족의 탄생에 대한 관심이 커지고 있는 상황에서, 세대간(Inter-generation) 홈셰어(Homeshare)는 미래의 가족구성, 거주형태, 곧 맞이하게 될 초고령사회에 대한 관심과 대책에 대한 작은 밑거름이 될 수 있기를 기대한다.

숭실대 건축학부 교수

2021년 3월 서 귀 숙

목 차

What is Homesharing

1 홈셰어란

홈셰어로 만난

고령자와 청년의 **'Live' House**

홈셰어는

1인 생활의 고독과 외로움, 불안이라는

고령자의 특별한 생활 일부를

비영리적인 임대방법으로 제공하는

프로그램이다.

What is Homesharing

홈셰어란

정의

Homeshare International에 의하여 홈셰어는 '비혈연인 두 사람이 상호간의 이익을 위하여 그들의 주거와 삶을 공유하는 것을 가능하게 하는 것이다'로 정의한다.

기본개념

Homeshare는 고령자가 소유하고 있는 주거 내 여분의 빈방을 일정한 조건을 기본으로 학생 또는 젊은이를 거주하게 하여 공동생활을 하는 것으로, 1인 생활의 고독과 외로움, 불안이라는 고령자의 특별한 생활 일부를 비영리적인 임대방법으로 제공하는 프로그램이다.

예를 들면, 지역의 NPO에 의한 모집과 매칭을 거쳐 도시의 독거 또는 부부 고령자 주택의 여분 방(빈방)에 대학생을 무상(광열비만 발생하는 경우도 있음) 또는 저렴한 임대료로 거주하게 하는 주거공유이다.

고령자는 침대와 책상을 구비하여 개인실을 제공하고, 대학생은 주말을 제외한 평일에 시간을 정하여 귀가하거나, 집주인인 고령자와 함께 이야기하기, 함께 식사하기 등 몇 가지의 의무(고령자와의 생활 서비스)를 갖는 프로그램 내용이다. 여기에서 생활서비스는 어느 한쪽의 일방적인 요구가 아닌, 고령자와 청년(또는 대학생) 간의 합의에 의해 이루어진다.

Why Homesharing

왜 홈셰어인가

홈셰어(homeshare)는 전 세계적으로 고령자와 청년 문제를 해결하기 위한 방안으로 도입된 프로그램으로, 1972년 미국의 매기 쿤(Maggie Kuhn, Grey Panthers 설립자)에 의해 시작하였다.

초 고령화가 진행하고 있는 한국에서 혼자 생활하기에는 그다지 원활하지 않은 독거 고령자의 증가에 대응해야하는 것은 중요한 과제가 되고 있다.

UN 기준(65세 이상)에 따르면 한국은 2000년 7.2%의 고령화 사회에서 2018년 14,21%의 고령사회로 진행하였으며, 2026년에는 20.8%로 전망하면서 초 고령사회가 될 것으로 통계청은 예상하고 있다.

또한, 저성장의 연속과 저 출산으로 인한 아동 감소와 함께 한국의 가구(세대)변화도 진행되고 있다. 4인 가구(부모+자녀)에서 부부 중심의 2인 가구 중심으로 변화하고 있으며, 최근(2016년)에는 전체가구의 27.9%가 1인가구로 변화하고 있다.

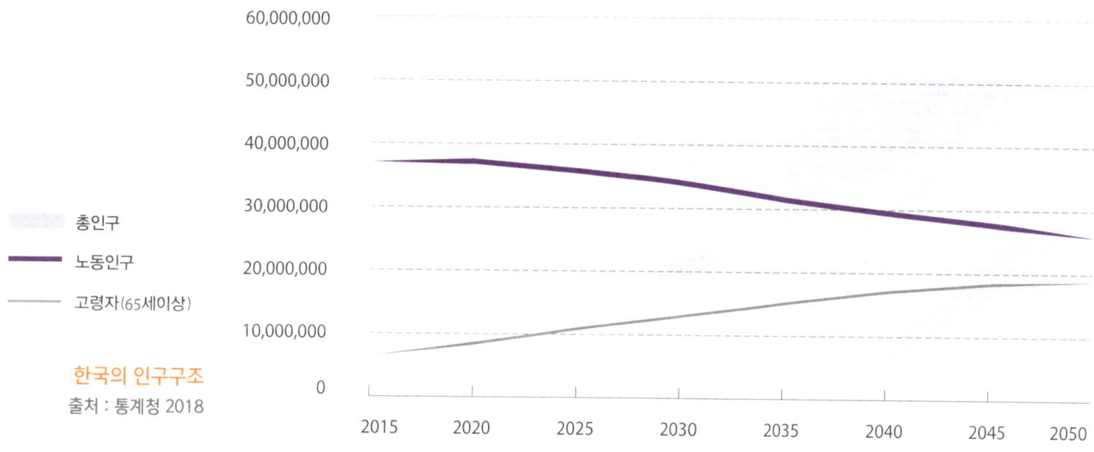

한국의 인구구조
출처 : 통계청 2018

1인가구의 연령별 비율에서는 남성 보다는 여성이 높으며 65세 이상 고령 연령이 높은 비율을 보이고 있다.

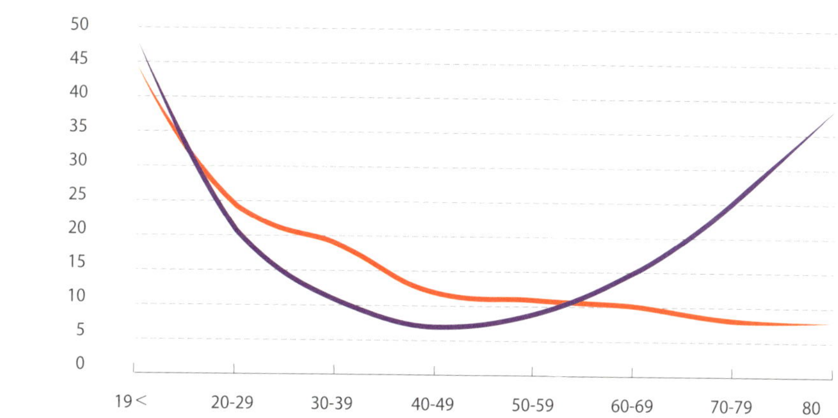

여성
남성

한국, 연령별 1인가구 비율
출처 : 통계청 2018

Why Homesharing

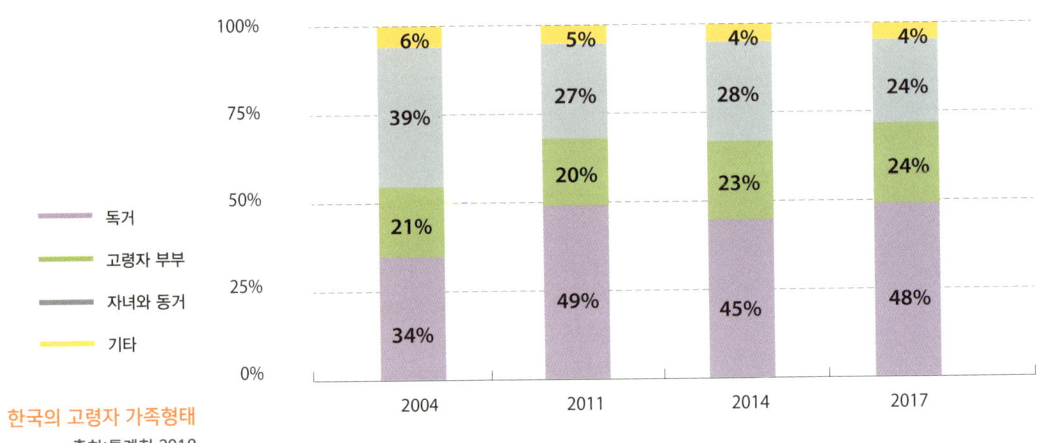

한국의 고령자 가족형태
출처:통계청 2018

고령자의 가구 형태를 살펴보면, 혼자인 독거가구 > 자녀와의 동거가구 > 고령자 부부 가구형태 순으로 자녀와의 동거가구를 제외하면 고령자만의 가구형태가 과반수 이상을 차지하고 있음을 알 수 있다. 이는 고령사회와 연계하는 결과이기도 하지만, 더 이상 혈연관계인 자녀와 동거하는 가구형태는 줄어들고 있는 현대의 가족문화를 보여주고 있는 것이다.

한국보건복지부에 따르면 65세 이상 고령자들의 주택 소유율은 73.5%이며, OECD조사에서는 한국의 노인 빈곤율 45.7% (OECD 평균 12.5%, 2014~2015년 기준) 로 발표하였다. 고령자의 경제상황은 노후준비가 되어 있지 않은 경우가 높고, 자녀 또는 친척의 지원에 의해 생활비를 마련하고 있음을 통계청 조사에서 밝히고 있다. 이런 상황에서 고령자는 건강문제(65.3%), 경제적 어려움(53.0%), 외로움·소외감(14.1%), 소일거리 없음(13.3%)이라는 4고(苦) 의 생활을 하고 있다.

고령사회가 되면서 1인가구 증가와 그중에서도 65세 이상 고령자의 비율이 높은 현실과 함께 고령자는 풍족한 주거= House Rich를 소유하고 있으나 경제적으로는 소득이 없는 =Cash Poor 라는 고령사회현상과 문제점을 시사하고 있다.

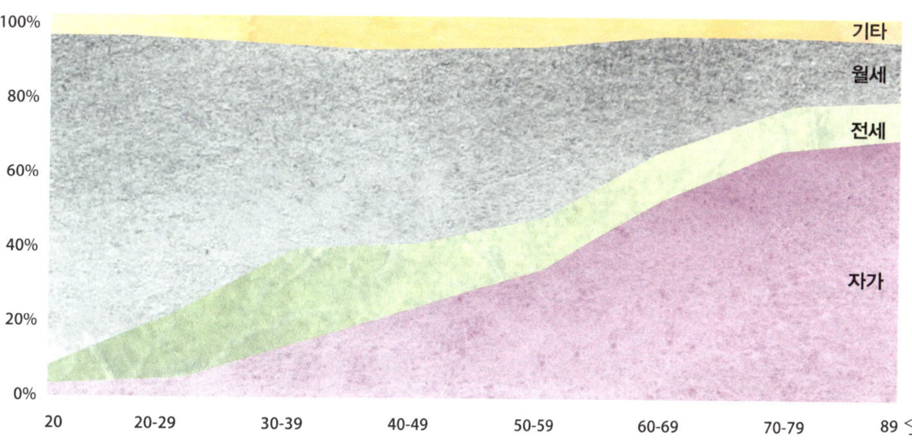

연령별 주거 현황
출처 : 통계청 2018

Why Homesharing

한편, 대학생과 사회 초년생인 젊은이들의 경제 및 생활주거현황은 어떤상황인가? 1인 가구 중 가장 많은 수를 차지한 것은 처음으로 자립생활을 시작한 30대 이하 청년층이다. 속칭 3포(抛)세대로 불리는 청년들에게 안정된 주거생활은 스스로 해결하기 어려운 과제로 2015년 서울시 '청년정책의 재구성 기획연구'에서 서울의 주거빈곤 청년(19~34세)은 청년 전체 인구의 22.9%로 서울 전체 가구의 주거 빈곤 비율(20%)보다 높다.

월세 부담으로 압박 받는 이들은 주로 대학생, 고시생, 취업준비생 등이며, 취업자라 하더라도 비정규직이나 취업 초년 청년에게 주거해결은 여전히 큰 부담일 수 밖에 없다.

가장 빠른 속도인 고령화 증가와 1인 독거 및 부부 고령자에 대한 관심을 더 이상 늦출 수 없는 상황이며 경제적으로 주거생활의 어려움에 면해 있는 대학생 및 젊은이 1인가구를 각각의 개인 주거생활이 아닌, 두 세대(2 generation)가 함께 공유생활할 수 있도록 지원하는 새로운 주거개념인 홈셰어(Homeshare)의 시작이다.

A Win-Win Solutio
Who Benefits and

홈셰어의 가치는

첫 번째,

고령자의 안전·안심적인 보호와 외로움, 고독 해소가 가능하다. 사회요양보호사에 의한 고령자 방문활동도 중요하지만, 홈셰어의 공유생활로 매일 얼굴을 마주하는 생활상의 파트너(대학생, 또는 젊은이) 존재는 고령자 복지차원에서 큰 역할을 한다. 고령자의 가족(자녀)에게는 함께 살지 못 함에 대한 부모생활의 불안과 고민을 안심으로 전환할 수 있다.

둘째,

경제적인 생활 곤란과 불이익에 있는 대학생 또는 젊은이들의 주거복지 측면에 도움을 줄 수 있다. 대학 또는 직장과 가까운 거리에 무상 또는 저렴한 임대료로 주거를 확보할 수 있으며, 부모로부터 받는 경제적 지원을 크게 줄일 수 있어, 생활을 위해 아르바이트에 소비하는 시간을 공부에 전환할 수 있다.

대학생의 부모는 적절한 주거환경에서의 생활에 관심을 갖고 혈연관계는 아니지만 고령자가 대리부모 또는 조부모처럼 생각하고 자녀의 독립적 생활에 대하여 안심을 가질 수 있다.

세 번째,

고령자 소유주택의 활용이란 점에서 매우 중요하다. 대부분의 경우, 가족의 생활과 구성인원에 따라 주택 규모가 변화하는데, 자녀교육이 끝나고, 자녀가 부모로부터 독립하게 되면 자녀가 사용한 방이 빈방으로 남게 된다. 그리고, 배우자와 사별한 고령자는 주거에 홀로 남겨지는 고립이라는 생활상황이 되는 경우가 적지 않으며, 경제적 빈곤이라는 문제에 봉착하게 된다. Homeshare는 사용하지 않는 빈방

(여분의 방)을 임대수입으로 보장하여 고령자에게는 경제적 자립이라는 도움을 받을 수 있다. 이러한 도시에서의 고령자 주택 내 빈방을 유동화 시키는 것은 새로운 주거형태의 제안이라는 주택정책 측면에서 커다란 이점과 의미를 갖는다.

네 번째,

사회문화적인 측면에서 세대 간 교류라는 효과를 얻을 수 있다는 기대도 무시할 수 없다. 급속한 IT기술혁신과 함께 시대변화에 의한 세대 간 격차는 점점 멀어지고 있다. 젊은세대들의 잘못된 고령자 이미지와 고령자는 젊은세대에 대한 편견이라는 세대 간 단절의 심화 현상에 대하여, 고령자는 안전·안심이라는 이점과 대학생 또는 젊은세대에게는 경제적 이점을 매개체로 주거를 공유하고 세대를 초월한 공유생활로 이끌 수 있다. 이러한 공유생활의 경험은 각 세대의 생각을 이해하고 관용을 유도하며, 이를 토대로 세대교류 또는 세대융합이라는 범위 확대로 이어 질 수 있는 의미를 갖는다.

다섯째,

Homeshare에서 주거소유자인 고령자와 임대하는 빈방을 사용하는 대학생 또는 젊은이는 사실 혈연관계가 아니다. 상호 안면이 없는 두세대(2 generations)는 계약에 의해 만나고 합의하는 생활 서비스와 함께 주거공간을 공유하는 공유생활을 한다.
가족은 반드시 혈연관계에 의해 형성된다는 고정관념에 대하여 비 혈연관계로도 가족처럼 생활이 이루어지는 신개념 가족구성에 대한 활성화를 기대해 볼 수 있다.

How Homesharing Works

2 국내홈셰어 운영

홈셰어로 만난
고령자와 청년의 **'Live' House**

Domestic Homesharing

국내 홈셰어

Starting

서울시는 2012년 10월 공유도시(Sharing City Seoul)계획을 선포하였으며. 총 5개의 계획 중, 공간(space)을 share하는 세부 프로젝트에 '한지붕 세대공감(Intergenerational Empathy under One Roof)'을 포함하였다.

서울시 '한지붕 세대공감(Intergenerational Empathy under One Roof)' 프로젝트는 고령자와 청년의 주거, 사회, 경제, 복지 차원의 문제해결을 위한 국제적 홈셰어(Homeshare)의 의미와 동일한 배경을 갖는다.

서울시 홈셰어는 2013년 사회혁신과의 '한지붕 세대공감' 프로젝트와 임대주택과의 '룸셰어링 1.3세대' 프로젝트를 병합하여, 2016년부터 '한지붕 세대공감' 프로젝트로서 주택정책과에서 담당하고 현재 진행하고 있다.

서울시 '한지붕 세대공감(Intergenerational Empathy under One Roof)' 은 서울시 25개구 중 16개구에서 활발하게 진행하고 있다.

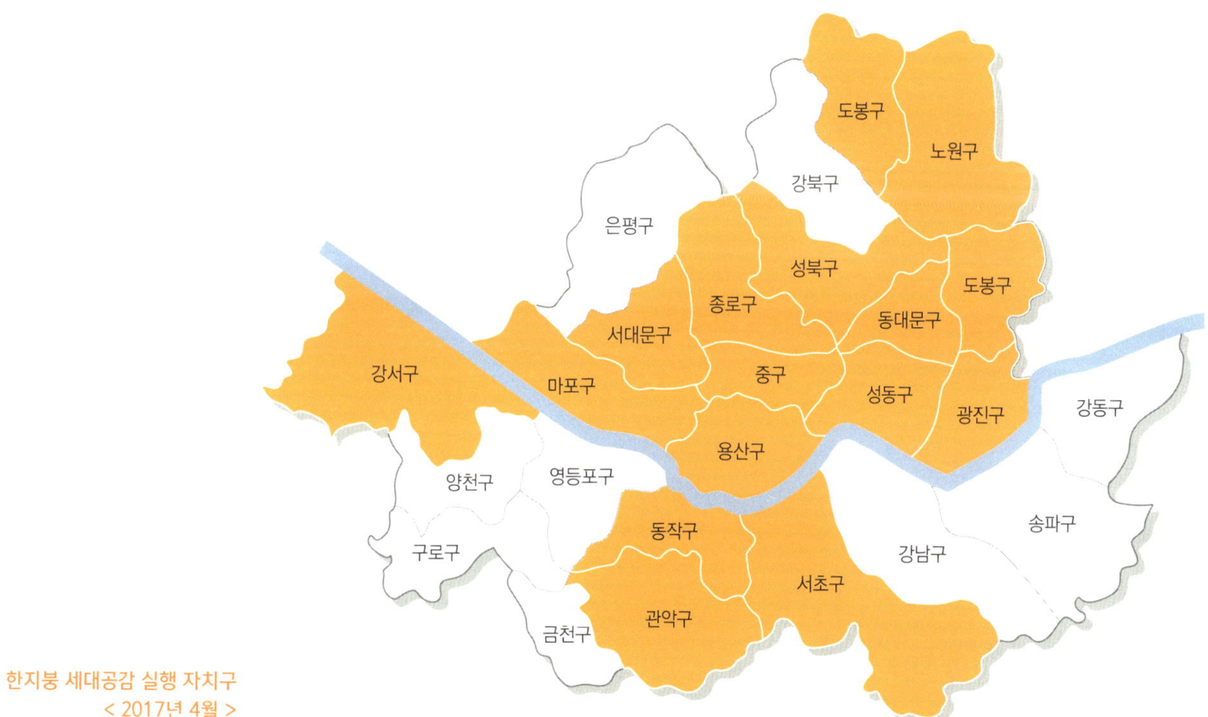

한지붕 세대공감 실행 자치구
< 2017년 4월 >

홈셰어 운영

Management

서울시 '한지붕 세대공감' 홈셰어에 참여하는 어르신과 대학생, 청년의 기본 요건 및 세부 운영구조

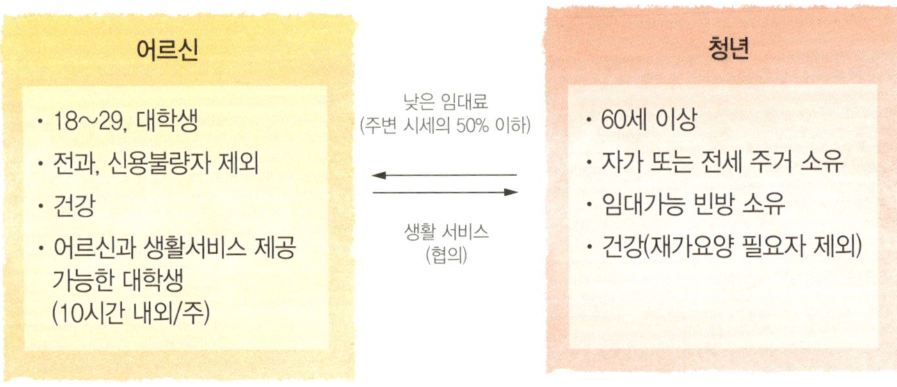

'한지붕 세대공감' 참여자 요건

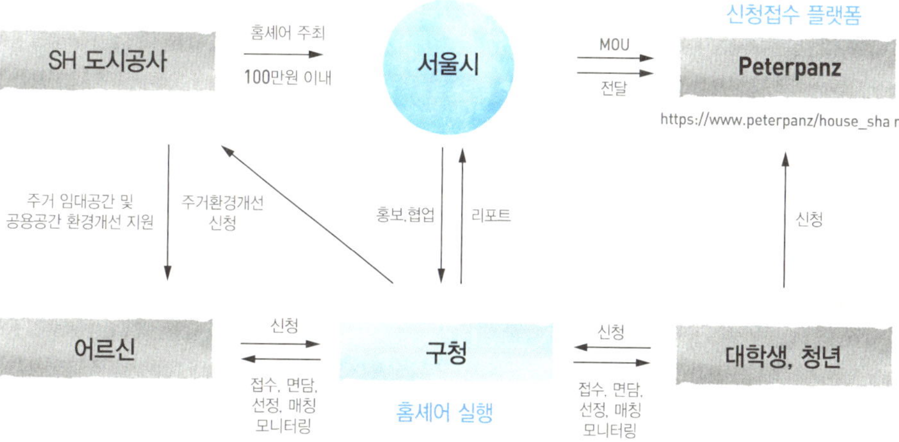

'한지붕 세대공감' 운영구조

3 고령자와 청년의 'Live' House 이야기

3.1 광진구 군자로 I 아파트

I Apartment, Gunja-ro, Gwangjin-gu

3.2 광진구 자양동 D 아파트

D Apartment, Jayang-dong, Gwangjin-gu

3.3 노원구 상계동 H 아파트

H Apartment, Sanggye-dong, Nowon-gu

3.4 동대문구 휘경동 J아파트

J Apartment, Hwigyeong-dong, Dongdaemun-gu

3.5 마포구 성산동 S 오피스텔

S officetel, Seongsan-dong, Mapo-gu

3.6 서대문구 가좌로 Y 아파트

Y Apartment, Gajwa-ro, Seodaemun-gu

3.7 서대문구 남가좌동 M 주택

M House, Namgajwa-dong, Seodaemun-gu

3.8 서대문구 연희동 G빌라

G Villa, Yeonhui-dong, Seodaemun-gu

3.9 성북구 돈암동 H 아파트

H Apartment, Donam-dong, Seongbuk-gu

전화를 안 받든가 그러면 불안한가 봐요.
그래서 이렇게 학생들 들어와서
우리 막내 아들이 편안하고 마음이 안정이 된대요.
학생들 있으니까. 그 점이 굉장히 좋대요.
내가 학생들과 같이 있다는 게

제가 아침 매일 먹는다고 하니까
엄청 좋아하세요.
자취 할 때는 제가 맨날 먹는다고
해도 잘 안 믿으셨거든요.
그래도 할머니랑 살면서
밥 항상 먹는다고 하니까
좋아하세요.

Gwangjin

광진구 군자로 I 아파트

어르신 : 여, 72세

현 아파트에서 14년 거주하고,
1남2녀 모두 출가 독립.
6년 전 사별 후 나 홀로 생활하고 있다.
홈셰어 시작은 6개월 이상하고 있다.

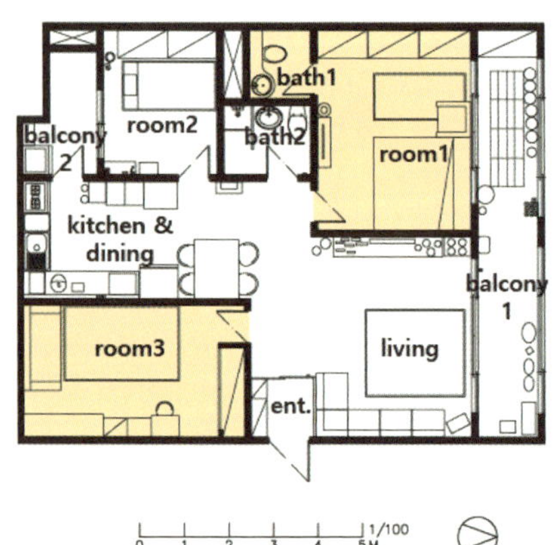

어르신방
주거평면

이제 좀... 남편이 없으니까는 야속해.
아들딸이 뭐라 그러면 서운해.
있을 때와 없을 때가 천지차이야.
우울증이 더 온 거 같아.
집에 있음 나가야돼. 무조건

하루 일과 중에서 주로 밖에 많이 나가세요?

성남에 살 때 큰집에 살을 때 세도 줘보기도 하고, 세사는 사람하고 친하게 살았어. 무슨 집안처럼 살았어요.

성남에 그게 벌써 십년 20년 됐나보다. 젊은이들이 나랑 좀 나이가 먹었죠. 걔네들은 돈 벌 면서... 재밌게 살았어요.

먹을 것도 나눠먹고.

갈수록 삭막해지고. 우리 옆집도 몰라. 우리 집 아저씨 돌아가 셨는지. 여기 와서 큰일을 3번 치렀어. 애들 둘을 보내고, 우리집 아저씨하고. 근데 모르는 거야 옆집은. 그렇게 삭막한 거야.

그리고 나중에 나중에 아저씨 어떻게 됐냐고, 그때서야, 몇 년 뒤에. 안보이니깐. 그렇게 세상에. 아저씨 어떻게 됐어요? 그래서 그러지 않아도 내가 서운했다 물어보지도 않고 그래서. 그랬 더니 내가 이렇게 바쁘게 산대나 어쩐대나 미안해 미안해 그러 더라고. 그렇게 삭막해요 사는 게 지금.

건강은 좋으신 거죠?

그날 그날 그날...그냥 살아요. 괜찮아.

노인네들 먹는 약 혈압약. 난 갑상선이 저하증이 있어서 평생 그거 먹어야 된다 그러더라고. 어질병이 있어서 어떤 때는 가다가 어질 할 적이 있고 그게 걱정이야. 그래서 차가 오면 항상 멀리 비켜가. 혹시 이게 가니까 더 어지러워서 쓰러질까봐.

나이가 먹으니까 다 그런 게 이제 오려니 생각하고 살아.

나는 초저녁 잠이 많은데 그래서 나는 일찍 자지. 딴사람 보다 일찍 자.

보통 때는 아침 일찍 일어나시죠?

그렇죠. 6시, 7시 되는대로 일어나는 거죠.

일어나서 할 게 많아요. 혼자서 라도 하다 보면 8시 반쯤 밥 먹고, 여기 뭐 좀 아프고 그러면 침도 맞고, 오후에는 친구도 만나 기도하고 그래요.

여기는 친구 못 사겨요.

옛날에, 난 친구들이 멀리 있어. 저 삼성동에 살다 다 이렇게 전부들 외곽으로 나가서 뭐, 그런데 더 많아요. 모임이 많죠. 그러니까.

친구들 못 사귀겠더라고. 그냥 아는 사람이지, 그렇게 밥 먹고 그런 친구들은 없어.

Gwangjin

주로 외출을 많이 하시는 편이세요?

많이 해요. 집에 안 있어요. 우울증이 조금 있는 편이기 때문에 집에 있으면 쓸데없는 공상이 들고 그래서 그냥 나가 그냥.

백화점 쇼핑도 가고, 복지관에 뭐 하러도 가고 집에 없어요. 오전 중으로 집에 많이 있지. 이런 거 저런 거 하다보니까 점심 먹고 많이 나가. 하다못해 대공원이라도 나가서.

거기 한 바퀴 돌으면 한 시간이에요. 딱 좋아 운동하기가.

이제 좀... 남편이 없으니까는 야속해. 아들딸이 뭐라 그러면 서운해. 있을 때와 없을 때가 천지차이야. 우울증이 더 온 거 같아. 집에 있음 나가야돼. 무조건

복지관 가까워서 여기 있는 친구들이 무척 부러워해.

그전엔 우리 집 아저씨 있을 땐 컴퓨터도 하고 탁구도 하고 그랬는데 우리 집 아저씨가 아파서 태클 거는 바람에 들어앉았다가, 지금은 그냥 장구 한 가지. 그것도 스트레스 풀려요. 막 신경 저거할 때 치면.

'한지붕 세대공감' 홈셰어는 어떻게 아셨습니까?

아니 복지관에 나왔더라고.

그래서 '뭐하는 거냐'고 했더니.. '몇 식구가 살아요?' 이러고 물어봐. 나 열 식구가 사는데 농담으로 그랬더니 눈치 채고 그냥 그런 사람 있으니까 저기 구청에서 하는 게 있으니까는 어떻게 방 놓을 생각이 없냐 그래서 우리는 생각도 안 해봤는데 애들 볼 때 애들이 거두라는 거야.

그래 가지고.

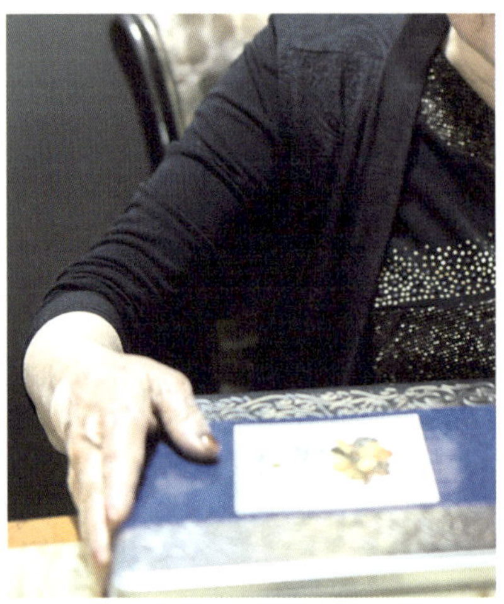

복지관에 그냥 모이라 하니까 이렇게들 앉아가지고 매니큐어를 칠해준다면서 그런 얘기를 해. 아유 나는 생각도 안 해봤는데... 몰라 애들한테 물어보고 그러고.

저기 구청에서 나왔대. 구청직원이 나와 가지고 서비스로 매니큐어를 칠해주면서 얘기를 하더라고 할머니들하고. 그래서 나 애들한테 물어봐야해 생각도 안 해봤으니까... 그러고 연락처만 적어놓고 나왔지. 그래서 애들한테 그랬더니 애들이 처음에는 질색을 하더라구... 그런 것도 괜찮은 거 같아.

뭘 보신 게 아니라 구청직원이 복지관에 와서 설명하는 걸 들으신 거죠?

네. 나는 안 봤지. 내가 그래서 넌 어떻게 알고 거기다 신청을 했냐. 그랬

더니 아차산 메아리 신문이 나와. 근데 난 조금 들여다 보다가 여기도 나오긴 나오는데, 난 그냥 있었는데... 쟤가 마침 또 기회가 잘 맞은 거지.

이거 한다고 자녀분들이 뭐라고 그러셨어요?

나 이랬어. '나 인터뷰 온다' 그러는데, '뭐냐?' 이랬더니 '엄마, 그냥 괜찮아 그냥 해봐' 그러던데.

젊은이랑 같이 홈셰어 한다 그러니까?

반대했지. '엄마, 지금 세상 얼마나 저거한데 어떤 사람인줄 알고' 그게 의심산거지.
그래서 '야, 사람은 믿고 살아야돼. 그런 저거하면은 안 된다' 했지.

자녀분들도 와서 봤어요?

봤죠. 와서 우리 애들이 자고 가면 어떤 때 쟤가 일찍 들어오면 보고. 응 괜찮대. 싹싹하다 그래.
내가 '니네들보다 낫다' 그랬지. 니네들이 뭐 맨날 와서 들여다 보고 저거 해?
전화나 뭐, 한 딸은 시집 간지 얼마 안돼서 맨날 전화 하지. 큰딸은 저도 어디 다니고 그러니까는.....
딸보다 낫죠 그럼. 딸보다 나아.
진짜.

'한지붕 세대공감' 홈셰어 생활하다보니까 좋으신 거 같으세요?

혼자 몇 년 살았으니까는 좀 울적하고 많이 그랬는데, 쟤가 들어오니까 좀 낫지.
사람 얘기할 사람도 있고 들어 온다 그런 기대도 있고.

내가 울적하니까는 사람이... 있다는게 좋은거지. 내가 낮에는 돌아다니지만 밤에는... 밤이 제일 싫어. 낮에는 내가 이제 나 가고 싶을 때 가고 갈데없으면 대공원이라도 가고 그러니까 상 관이 없는데, 저녁에가 제일... 누구 말 한마디 했으면... 난 그래서 전화를 많이 해요. 우리 언니한테도 하고 많이 해. 많이 하는 편이야. 친구들한테도 하고.

나는 좋지. 저거 하니까는 진짜 심심하고 그럴 때 이게 조잘조잘 얘기를 해. 싹싹해.
싹싹해서 할머니 할머니 어쩌고 그러니까. 얘가 또 집에 가면 나는 그냥 허전 한 거야. 그래서 좋아요.
내가 울적하고 그래도 저게 이제 와서 어쩌고저쩌고 하면은...

지가 안들어오면, 안들어오면 저희집에 가면 꼭 전화하고, 전화해 준 것도 고마운 거잖아요. 그게.
서로서로 조금씩. 애가 착해. 깍쟁이처럼 생겼어도 애가 착해요. 순진해. 그래서 좋아. 거짓말 안하고 전화 확실하게 해주고, 자기 집에 가면 간다, 늦게 오면 '할머니, 나 오늘 야근있어서 늦게 들어가요'. 전화 한통, 카톡 하나 없고 늦게 들어오거나 그러면 신경 써지는데,
늦으면 '할머니 오늘 야근 있어서

늦어요' '인천 집에 왔어요. 문 꽁꽁 잠그고 주무세요' 그래.
마음 맞고 안 맞고 6개월 같이 있으니까는. 딴사람 두면 뭐해. 싹싹하고 그냥 덜렁덜렁하고.

나는 또 애들이 있으니까는 손녀딸 같으니까 손녀딸 우리 손녀딸이 똑 같으지.

그렇게 뭐 불편한 거 없어요. 쟤는 모르겠지만 나는 괜찮아. 딴사람 들어오면 안 그러겠어요. 자식하고 살

아도 다 불만 있고 그런데, 그래도 남인데 조금씩 이해하고 지금은 베푸는 시대니까는 베풀고 내가 손해 본다 그러고 살아야지. 내가 손해보고 산다 그냥 그런 생각 많이 해요.

내가 돈 그거 뭐 얼마 받는다 그래서 그게 무슨 생활에 큰 보탬도 안 되고... 일찍 들어오면 좀 가르쳐 달라고 내가 그러는데 쟤가 좀 늦어 많이.

신경을 쓰면서 살아야해. 사람은 너무 신경을 안 쓰면 안 돼. 사람은 신경을 쓸 땐 좀 쓰고 그래야지 머리회전도 되는 것 같아 나는. 편하면은 뭐... 신경 쓸 일이 별로 없거든요. 나는 진짜 편하게 살어. 내가 그냥 편하게 살아. 애들도 신경 쓰게 하는 애들도 없고.

서로 모르지. 집주인이 나쁜 사람도 많고... 쟤는 착해 순진해. 저렇게 까진 거 같이 생겼어도. 착해

함께 생활하는 이야기를 해주세요.

식사

오늘 아침은 혼자 드셨겠네요.

잰 안 먹어 잘.
처음엔 좀 먹더니 시간이 안 맞고 그러니까는... 씻고 가기가 바빠 가지고... 저녁은 먹고 들어오고.

처음에는 나 밥 먹는 시간이 맞아서 먹을래? 뭐있는데 그랬는데, 몇 번 먹더니... 시간이 안 맞지.

어쩌다 일찍 와서 저녁을 같이 먹습니까?

나는 웬만하면 나가면 저녁을 또 먹고 들어오지. 저녁을 또 먹고 들어와 친구들하고. 집에 와서 먹게 되면 뭐 사갖고 들어오더라고. 쟤는 먹을거를. 거기서 먹지 않고 김밥이고 뭐 사갖고 들어와서 여기 앉아서 먹더라고.

그럼 막 김치 이런 거 꺼내먹고 그래요?

아니. 그런 건 안 해. '내가 김치 좀 줄까?' 하면 '아니요, 됐어요' 하고 꺼내먹고 그러진 않아.

핸드폰 사용법

잘 모르시고 그러면 물어도 보고 그래요? 컴퓨터나 휴대폰 이런 것도 물어보세요?

내가 물어보지. 가끔씩 얘 이거 어떻게 하는 거냐. 가끔씩 물어 보지.
티비 잘 보고, 이런거...

좀 뭐 '나 잊어 버렸다. 야. 어떻게 하는 거냐.' 가르쳐 주고

손마사지

싹싹하지. 어떤 때는 지가 손 마사지를 하고 왔다고 할머니 내가 손 마사지 해줄게 이러고. 어떻게 또 몇 번을 받아봤는지 아주 시원하게 잘해주대 또. 여기다 크림을 발라가지고 어떻게. 나는 발마사지는 받아봤어도 손 마사지는 어디서 받냐 그랬더니 매니큐어 칠해주고 5만원이고 두 시간을 해준대. 근데 아주 잘하더라고 시원하게. 근데 일찍 안 들어와 일찍 들어오면 가끔씩 해 달라 그래야 되겠다 그랬더니 안 들어와.

그때 접때 손 마사지 그렇게 해주고. 그리고 바짝 달려들어 걔가. 달려드는 성격이야. 거부감을 안 느끼고 붙임성이 있어서.

대화, 문자하기

아침에 막 다녀오겠습니다하고 인사하고 그래요?

그럼. 아침에 '할머니, 안녕히 주무셨어요? 다녀올게요 할머니'. 그리고 자기 집에 가면 '할머니, 오늘 안 들어와요' 그리고 또 잊어버리고 나가면 카톡으로 보내고.
또 잊어버리고 자기 집에 가면 '할머니, 죄송해요. 나 인천 집에 왔어요. 문 잠그고 주무세요.'
싹싹하다니까.
쟤가... 접때 열 한 시에 저 집에서 전화가 왔어. 카톡이 왔나? '할머니~ 나 인천 집에 왔어요. 문 잠그고 ...' 그 잠들으면 그것도 못 들을 거 아냐.
이게 언제 들어오려나 들어오려나 안 들어오려나 내가 또 카톡을 먼저 해보고 그러면 '들어가는 중이에요' 그러기도 하고.
근데 전화도 잘하고 '할머니, 문 꽁꽁 잠그고 주무세요~' '아유 말도 예쁘게 하네~' 그래서 말도 예쁘게 하고 카톡으로 보낼 적도 있고.

답도 하시는구나.

해요. 심심하고 하면은 답도 하지. 어떤 때는 그냥 모를 새라 하면 또 그 사람이 무시하는 거 같이 생각할 거 같아. 그래서 어떤때는 '응, 알았어' 그냥 그렇게 보내.

문화생활

무슨 공연 우리들한테 맞는 거 들어오면 '할머니 내가 그거 들어오면 한 번 보여드릴게' 하고, 저번에 언제 밤늦게 12시라나 1시라나. 그때 누구든가... 콘서트 한다고 그래서 '아우야, 너무 늦어서...' 그래서 안 갔어. 근데 이때 안 들어 왔나봐. 좋은 거 들어오면... 우리 애들은 두어 번인가. 애들 보는 그런 거는 해줘서 갔었어. 애들이.

문 단속

나는 아홉시면 자요. 늦으면 열시. 근데 쟤는... 나는 그냥 불 켜놓고 자지. 들어와서 문 잠그고.

몇 년 동안 혼자 살았는데 몰랐는데 쟤가 살다가 자기 집에 가면 무서운 생각이 드는 거야. 그래서 그땐 여기 주방 불을 밤새 켜놓고 잔다니까.

어떤 때는.

오라고 문은 그냥 안 잠그고 두죠?

안 잠가. 지가 뭐 열두시에 들어오건 한시에 들어오건 저것만 닫아놓으면 들어와서 잠그는 게 있으니까.
어떤 땐 늦게까지.. 저 문을.. 자석이니까 닫아도.. 나는 그렇게 자 버릇을 안해서.
어떤 때 늦게 들어오면 좀 이상해. 무서운 생각이 들어. 다 잠가야 되는데.

다 잠그면 무슨 소리가 나도 그냥.. 다 잠갔는데 들어올 리가 있나 마음을 놓는데, 저걸 안 잠그고, 쟤가... 접때 11시에 저 집에서 전화가 왔어. 카톡이 왔나? '할머니~ 나 인천 집에 왔어요. 문 잠그고 ...' 그 잠들으면 그것도 못 들을 거 아냐. 그래도 잠이 덜 들어서 그때 나와서 잠그고 들어가서 잤지.

이게 언제 들어오려나 들어오려나 안 들어오려나 내가 또 카톡을 먼저 해보고 그러면 '들어가는 중이에요'

그러기도 하고. 집에 와서 저녁을 먹을 적이 별로 없어. 일러야 아홉시. 그렇게 들어오면 되지. 아홉시까지만 들어와도 괜찮지. 열한시 열시에 들어오고... 난 일찍 자니까 또 노인들은 일찍 자잖아.

신경이 써진다니까. 쓰지 말아야 하는데. 들어오기만 하면 지가 뭐... 그때는 내가 조금 늦었어. 문이 잠겼어. '왜 잠갔냐' 그랬더니 '습관이 돼서 그냥 잠갔어요' 그러더라고 그때 딱 한번 늦게 들어왔는데. 쟤가 그날따라 일찍 들어온 거 같아요.
우리 벨이 고장이 났어요. 안돼. 그런 집이 많아. 벨을 눌러도 안 돼.

쟤도 그때 그러더라. 내가 뭣 때문에 내가 잠갔어. 집을 간다고 그랬나. '할머니 나 여기 문턱이에요 문 열어 주세요' 전화가 왔더라고. 사람이 있다는 게 나는 좋은 거야.

화장실 청소

화장실은 본인이 청소해요?

Gwangjin

안 해. 머리카락하나 안 건져. 내가 다 하지. 샤워기 쓴 거 땅에다 그냥 놓으면 내가 올려놓고, 그런 건 그냥 내가 화장실 청소는 다하고 쓰레기도 내가 다 갖다버리고 어떤 땐 그러고 싶은 생각도 있어. '야, 이거는 하숙이 아니고 너는 세 사는 거야. 세 살면 지가 사는건 지가 다 처리를 해야 되는 거 아냐.'
그게 습관이지. 시킨다고 되나. 왜냐하면 머리카락이라도 건져서 쓰레기통에 넣는 게... 원체가...그냥. 나는 그러려니 하고 그냥 내가 치워버려. 시간이 많은 사람이니까는.

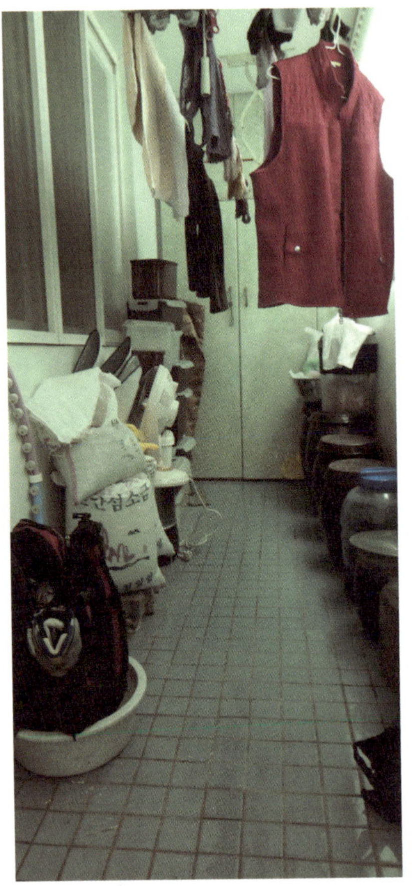

빨래 세탁

빨래 빠실 때 양이 적으면 같이 하세요? 아니면 각각 하세요?

내 꺼하고 같이 빨지. 내가 빨면서 팬티 이런 건 손빨래하고. 쟤가 수건이 없는 거 같더라고 그래서 '야, 저 갖다 넣어. 한번 돌리자' 그래서 며칠 전에 돌려서 널어놨지. '좋지 좋아요' 또 그러 고 갖다 넣어. 저도 이제 수건이 다 떨어져서 몇 개, 한 열 개씩 놓고 쓰는 거 같아.
세탁기도 내가 다 돌려서 널어 주고. 큰 빨래는 손빨래를 못하잖아 타월 같은 거. 난 겨우내 다 손빨래 했는데. 그래서 저걸 한 몇 번 돌렸나... 쟤가 타월이 많으니까 양말 같은 것도... 세탁기도 내가 세제 넣고 그냥 다 돌려서 이번에 다 널어놓고.

완전 엄마네 엄마

손녀딸이야. 손녀딸. 우리 손녀딸 생각하고 내가 저렇게 하는 거야.
없으면은 그게 와 닿지를 않지. 근데 그렇게 있으니까는 '아휴, 그래 내 손녀딸 같으면 내가 이런 생각 하겠냐... '그러고 해주고 그러지.

방 정리

서로 방문을 잠그고 그러진 않죠?

아유, 나도 열어놓고 쟤도 열어놓고. 내가 방을 쟤 방을 가끔씩 치워주고 싶어도 우리 애들이 '아이~ 엄마, 그냥 손대지마. 남이 또 뭐 없어졌 느니 어쨌느니...' 손 절대 대지 말라고 해서 내버려둬. 어떤 때 치워주고 싶은데...
내가 보니까... 그래서 쟤도 문 어쩔 땐 활짝 열어놓고 다녀. '왜 이렇게

열어 놓고 다니냐?' 그러면 '환기 좀 시키려고요' 그래. 근데 누가 오면 나는 보기 싫으니까 문을 좀 닫아 놓지. 치우지는 못해도.

자기 방은 청소해요?

하거나 말거나 난 신경 안 쓰니까. 신경 써서 내가 우리 딸들 보고 그랬더니, '엄마 그러지마, 괜히 남의 것 뭐 만졌다가 없어졌다 어쨌다 하면 불편하니까는 내버려 둬.' '알았어. 만지지 않아.'

어르신 집에서 학생과 함께 사용하는 물건이나 장소 있습니까?

화장실

화장실은 이거 같이 쓰는 거죠?

아뇨. 나는 안방 꺼 주로 많이 쓰죠. 하나도 안 써. 쟤 혼자 쓰다시피하죠. 화장지도 지가 꺼내 쓰고.

옷장

저 젊은이가 쓰는 방에 침대나 이런 건 본인이 가져왔어요?

아니. 그냥 땅바닥에서 자. '옷장 있는 거 치워주랴? 치워주라 그러면 내가 치고' 그랬더니 '아뇨, 나 갖고 올 거 없어요. 그냥 내가 쓰게 놔두세요' 그러고 지가 써.

부엌

부엌에서 뭐 쓰는 것도 다 그냥 같이?

다 우리 꺼 쓰는 거죠. 컵도 꺼내서 먹고 수저도 꺼내서 먹고. 그런게 좋아.

재는. 뭐 어렵게 하고 그런 게 없어. 그냥 자기 집처럼... 물컵도..

응, 어색하고... 우리애들 같으면 그러는데... 컵도 안 꺼내던거 새로 꺼내서 먹고 그래.

주방에서야 지가 뭐 끓여먹던지. 끓여먹으면 지가 뭐... 끓여먹은 적도 별로 없었어.

방 사용

젊은이가 집에 오면 어디까지... 내방은 안 들어오고 다른 방은 들어가고 그런 제약이 있어요?

제약이 없어요

내방에는 안 들어오지. 들어올 필요가 없지. 방에는 근데 이제 마루 이런 데는...

어디든지 여기 다 자유입니까?

응. 마루, 주방이고 베란다고.

한집에서 나만 있는데, 지가 필요 하면 다 쓰고. 처음에 지가 계획할 때 '할머니 마루에서 텔레비전 봐도 되죠?' 그래서 '응, 그래' 그랬지 그거는. 근데 지가 더 갈 데도 없고, 내가 안방에 들어와서 뭐 어쩌구 저쩌구.... 그러면 싫지만은 안방엔 이때까지 한번도 들어올 일도 없고 안 들어왔고 그러니까는.

지가 텔레비전 보다가, 어지르지 않고 텔레비전보다 들어가니까.

누울 땐 별로 없고. 여름에나 주로 여기서(거실) 생활을 많이 하니까는 재도 이제 제 방이 덥다고 여기 와서 뒹굴기도 하고. 언제는 여기서 자기도 하고 그러더라고. 정 더우니까는.

현관 키

번호킨데 이렇게 대는 거. 자석. 재를 하나 해주고 저 앞에 현관 그거 하나주고.

들어와서 재가 잠그는 거야. 나는 뭐 일찍 들어오니까는.

홈셰어 입주자의 선호 조건 있습니까?

어떤 사람은 남자학생을 두래. 남자학생을 두면 뭐 고쳐 주기도 하고, 뭐 아유...난 싫어. 난 남자가. 열 살도 싫고 열다섯 살도 싫어. 무조건 난 여자가 좋아. 그래서 여자를 한

거지.
학생이 좋지. 여자. 남자는 싫어. 아니 우리가 샤워를 하고 나와도 남자는 나이가 어려도...거부감을 느끼는데, 걔도 그렇고 나도 그렇고 그냥 이렇게 나와도 되고... 좋지. 어떤 사람은 왜 남자를 두지 여자를 뒀냐고.
싫어, 남자는... 걔하고 여름에는 여기 같이 드러누워서 텔레비전 보다가 그냥 어떤 때는 자다가, 어떤 때는 들어갈 적도 있고 그런데. 걘 또 밤늦게까지 혼자 여기서 텔레비전 봐. 일찍 들어오면. 애들은 늦게 자더라. 12시. 들어가는 지 뭐하는지 난 잔다 들어가서 자고 그러지.

같이 있는 사람이 싹싹하고 활발하고 이게 좋으시군요

네. 나도 그렇게 싹싹하고 저기한 사람이 아니거든. 근데 싹싹하게 할머니 어쩌고 저쩌고 그래. 오죽하면 딸보고 니네들 보다 낫다 그러지.

방 하나를 젊은이를 줘야 되겠다 생각하시고 나서 어떤 젊은이가 들어오려나 이런 걱정 하셨어요?

했죠. 보니까는 들어오자마자 애가 생글생글하는 게 인상이 좋아. 그래서 좀 저거했지.
저거하면 나도 안 놓는다 그럴텐데, 들어오자마자 생글생글하고 할머니 어쩌고저쩌고 그러더라고. 여자니까는. 25살이라나. 몇 살이라 나. 손녀딸이 스물 두 살인가 세 살인가 그러니까. 어떤 때는 마음에 저거하는 것도 있지. 사람이 없겠어... 손녀딸 생각해서 '에이 그래' 그렇게 이해를 내가 많이 했지. 애들이니까 아무래도 눈에 거슬리는 게 좀 있지. 사람이라는 게 누구든지. 그런데도 그냥 말도 안하고 어떤 때는 '야 좀 치우고 다녀' 하고 그런 소릴 하면, 그래도 잘 받아들이니까. 그걸 또 꽁하고 그러면 그런데, '깨끗이 좀 치우고 다녀' 그랬더니, '네 알았어요'. 바쁘니까 그냥 어떤 때는... 늦게 자니까 늦게 일어나지 또 일어나기 싫지.

담배피고 이런 사람은?

아유, 아유, 나는 담배 피는거... 싫어.,

구청에 요구하신 것이 있습니까?

구청에서 뭐 워낙 집이 깨끗하시니까 도배 해주고 이런 거는 없었겠네요.

아휴 없어요. 그런 거 내가 독거 노

Gwangjin

인은 하지마는, 구청에서 다 알거 아냐. 수입이 있는지 없는지. 아주 없는 사람은 해줄른지 모르지만... 다 내 돈 들여서 해요. 그래도 딴사람 들어오는 것 보다 저게 정이 들어서... 딴사람 들어오면 싫어. 딴사람 들어오면 또...

구청이 하면 더 믿잖아. 이런 부동산에서 하는 거 보다 믿잖아. 좋지요.
구청직원 뭐라고 명함도 주고 그랬는데 그렇게 확실히 하니깐. 부동산에서 하는 것보다 구청직원 들이 하는 게 좋아.
독거노인이라고 뭐를 해줬으면 좋겠냐고 그래서, 나는 아무것도 싫고 김장때 김치 한 통만 달라고 그랬더니 그것도 등급이 있잖아요. 해당이 안 된대.
독거 선생이 있어요 전화해주고 일주일 한번씩 들르고 그러는 선생이 있어. 선생님이 미안해서 어쩌냐고 '왜 미안해요?' '김치 한통 부탁을 했는데 등급이 안돼서 안됐다'고. '됐어, 말로 그냥 물어보길래 그랬지, 더 어려운 사람 주라' 고 내가 그랬지.

홈셰어를 하시면서 어르신의 생각은?

그렇게 뭐 불편한 거 없어요. 쟤는 모르겠지만 나는 괜찮아. 딴사람 들어오면 안 그러겠어요. 자식하고 살아도 다 불만 있고 그런데, 그래도 남인데 조금씩 이해하고 지금은 베푸는 시대니까는 베풀고 내가 손해본다 그러고 살아야지. 내가 손해보고 산다 그냥 그런 생각 많이 해요. 내가 돈 그거 뭐 얼마 받는다 그래서, 그게 무슨 생활에 큰 보탬도 안 되고... 일찍 들어오면 좀 가르쳐 달라고 내가 그러는데 쟤가 좀 늦어 많이.

다른 애들 다 봐도, 착해 쟤는. 마 음이 착해. 또 어떤 사람은 '어우, 그러다가 내가 무슨 소리했다고 또 해코지하면' '아이, 절대 그럴 애는 아니라고' 그러지. 누가 내가 무슨 뭐라고 쟤한테 말을 했다 어쨌다 하면은 그런 사람도 있어. '그러다가 해코지 하면 어떻게 해' '으이그, 그럴 애 아니에요. 얼마나 착한대' 착해, 착해 애가. 좀 순진한 면도 있어.
내가 워낙에 긍정적으로 사는 편이야. 내 마음 편하려고 그걸 일일이 다 친구들한테 그러면 좋아할 친구가 어딨고 좋아할 아들 딸이 어디 있어. 그냥 편하게 살아요.
저도 지 맘대로. 나도 내 맘대로 해야지. 허구한 날 식구도 많지 않은데 그걸 뭐. .
텔레비전도 지가 혼자 여기서 틀어놔도 작게 해서 틀더라고. 나는 방에서 자니까는 ...
지가 늦게까지 12시까지 있다가 자니까는, 자거나 말거나 나는 그냥 난 '잔다' 그러고 들어가지.

혼자 있는 것 보단 나으니까는. 난 이런 거 생각도 못했어. 아파트에서 무슨 세를 놓고 생각을 못했는데. 근데 그런 동네들이 있더라고. 방 두개를 다 놓는 노인네들도 있어.

만약에 저 젊은이가 나가면 또 다른 참한 학생이랑 하고 싶으세요?
또 하고 싶지. 습관이 됐으니까.

다른 어르신에게 홈셰어 권유하시겠습니까?

우리 친구들한테 그러지. '야 좋아. 같이 있으니까는.. 젊은 애들하고 있으니까 좋아.' 근데 이제 우리 애들하고 사는 건 싫어.

Gwangjin

광진구 군자로 I 아파트

청년 : 여, 26세, 회사원

부모님 집은 인천이지만, 직장이 서울이 되면서 서울로 이사하고 독립생활을 시작하게 됨. 홈셰어 시작한지 첫 계약기간인 6개월을 마치고 재계약으로 7개월 되어가고 있다.

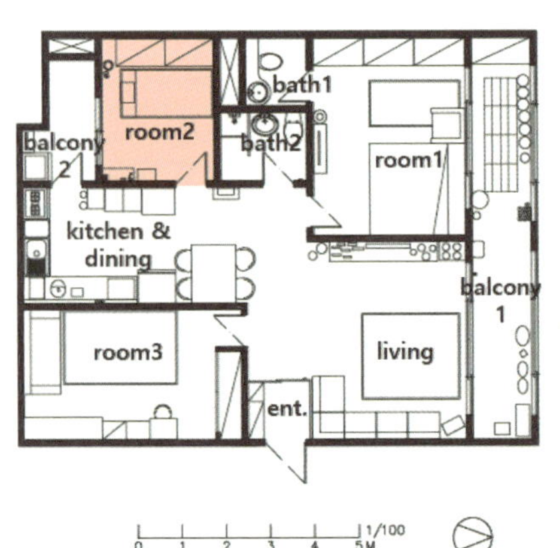

청년방
주거평면

하루 일과는 어떠십니까?

출근은 9시까진데 충분해요.
거의 요리는 안하고. 거의 식사도 다 회사에서 제공이 되기 때문에 밥을 먹고 와요.

그래도 초반에는 할머니랑 많이 친해져야 하니까 일찍 퇴근 했어요. 조금 일이 있어도. 요즘에는 9시에 퇴근하고 8시 30분 정도에 아침에 출근 하고.

'한지붕 세대공감' 홈셰어를 하게 된 동기는 무엇입니까?

어느 정도 다니다가 너무 힘들어 가지고 방 구하던 시기에 룸셰어링 신청하게 됐고 그쪽에서 이제 조건을 얘기를 해달라고 하더라고요. 그래가지고 일단은 회사랑 가까웠으면 좋겠고, 그리고 이제 되도록이면 할아버지 안계시고 할머니 쪽으로 해달라고 말씀을 드렸어요. 그래서 그랬더니 이제 그러면은 알아보겠다 해가지고 처음에는 독서실 건물 쪽으로 알려 주셨는데 거기서 이제 이게 좀 생소한 정책이다 보니까 조금 거절을 하시더라고요. 네 그럼 집 한번 보러오세요. 근데... 조금 딸이 좀 거부를 한다.
그러고 나서 구청분이 또 괜찮은 조건이 있어서 소개를 해주려고 한다 하시는거예요. 그래가지고 왔더니 지금 이 집이었어요.

아무래도 직장 거리가 먼데 자취나 하숙을 하려면, 지금 제가 월 30만원 정도 공과금 포함해서 내고 있어요. 서울에 다른 자취나 하숙을 하려면 더 많은 돈이 들 거든요.

'한지붕 세대공감' 홈셰어는 어떻게 알게 되었습니까?

회사 밑에 있는 신문. 지역 신문 (아차산 메아리).

홈셰어 사업 정보 이해하기 쉬웠어요?

네. 거기 자세하게 써져 있었는데. 혼자 사시는 어르신의 말벗도 해드리고 젊은 청년한테는 집값이 워낙 비싸니까 그거를 win-win 하고자 만들어낸 사업이라고 하더라고요.
거기도 그렇게 써 있었고, 구청 직원 분도 많은 대학생들이 참여 하고 있다. 좋은 사업이니까 하면 좋을 거다 라고 말씀하시더라구요.

홈셰어에 대한 기본 지식 같은 거 그런 건?

없었어요.

혹시 주변에서 들었다던지

오히려 제가 더 얘기하고, 추천하고.

어르신과 대화 또는 교류 생활 하세요?

인사, 대화

아침에 서로 인사 정도.
'다녀오겠습니다' '다녀왔습니다'
여기 식탁에서 밥을 먹고 해서 할머니 여기 있으면 여기서 할머니랑 얘기를 하던가 아니면 할머니도 나와 가지고 얘기를 해요.

여기가 많고, 그리고 지금 이렇게

있으면은 이렇게 쇼파가 있잖아요? 이렇게 쇼파가 있으면은 제가 여기서 티비를 보고 이제 할머니도 밖에 좀 따뜻해졌다 싶으면 여기 앉아가지고 도란 도란 얘기하고.

주말에 재밌는거 하면 여기서(거실) 보고. 퇴근하고 인사할 때는 할머니가 나오세요. 나와 가지고 오늘 하루 어땠냐. 이렇게 하면은 '아.. 저 돈 잃어 버렸어요' 이런 식으로 얘기하고.
대화 너무 잘 돼요.

여기서(화징실 앞) 일단은 가방을 두고, 먹을 거 있으면 '할머니, 뭐 드시겠어요?' 여기서 이제 '아니, 밥먹었어 배가 더부룩해' 이렇 게 얘기하면, '네, 그럼 저 혼자 먹을게요' 얘기하고, 여기서 옷 갈아입고 씻으러 가거든요.

할머니한테 인사하고 짐 두고 여기서(거실) 같이 얘기를 하죠. 그리고 티비 보러 이렇게 가고. 시간이 이르고 그러면은 같이 할머니랑 얘기하면서. 아니면 할머니가 일찍 주무시거든요. 9시 반 정도면 주무세요. 30분 정도 얘기하다가 들어가죠. 저는 티비 보고 할머니는 주무시고.

주로 어떤 이야기를 하세요?

초반에는 소파에 많이 앉아서 제가 사진 보여 주면서 얘기하는 거 굉장히 좋아하거든요. 그래서 우리 엄마고 아빠고 어 디 갔었고...어디어디 갔었고.. 일단은 서로 알아야 하니까 사진 보여 드리면서 얘기를 했죠.
오늘 회사에서 있었던 사소한 얘기들. 아니면 남자친구 얘기도 많이 하고 .

매일. 연락을 거의 한 9시? 그때쯤 할머니 주무실 때 얘기 하시는 거니까 그 전에 들어오면 안 그래도 되는데, 만약에 이제 집에 갈 때나 조금 늦게 퇴근할 때나. 그렇게 되면.
그리고 아침에 얘기를 드리죠. '할머니, 저 오늘 집에 가니까 문 잠그고 주무세요'

할머니 여기서(작은방) 화장하시거나 아니면 여기 계시거나.
근데 거의 여기 계시는 것 같아요.
여기 화장대가 있는데 할머니가 항상 머리 말고 계세요.
멋쟁이세요.

식사

그리고 같이 밥 먹기도 해요. 주방도 같이 쓰고.
초반에는 같이 먹었는데, 지금은 그냥 안쪽에서 많이 생활을 하시 더라고요.
식사하고 요리하고 나면 음식물 쓰레기가 나오잖아요. 그것 때문에 거의 요리는 안하고. 거의 식사도 다 회사에서 제공이 되기 때문에 밥을 먹고 와요.

주말에도 회사에서... 거의 안 해요.
처음에는 했었는데 귀찮더라고요.
아침도 안 먹어요. 원래 아침을 안 먹어서. 커피 마시고 그 정도.

빨래, 건조

여기는 같이 빨래를 말리죠. 제가 빨래를 세탁기에 넣어 놓으면 같 이 돌리거나, 아니면은 할머니가 돌려주세요.

네. 여기다가 빨래를 돌리고 나서 할머니가 널어주거나 제가 널거나 하면, 다 말리면 누가 먼저 할 거 없이 제가 개면 할머니 것까지 같이 개고, 거의 제가 개죠. 빨래는 제가 개고, 빨래는 할머니가 널어주실 때가 많아요.

그러면 정리하고 나와서 빨래는 각자 넣어 놔야 하잖아요

그냥 거실에다 개어놔요.

아니면 빨래 나올게 별로 없거든요. 2주에 한번씩? 수건 정도만 하는 거고. 나머지 뭐... 거의 제가 정장 같은 걸 입고 다녀서 그런거는 다 맡기고(세탁소), 스타킹이나 속옷 같은 건 손으로 빨아 가지고 화장실에 널어놓고.

빨래를 거두러 가실 때는 주로 언제?

퇴근 하고. 아니면 주말에 조금 늦게 출근 할 때가 있어요. 그래서 그때 하거나.

문자, 통화하기

늦게 퇴근할 때면 현관문에 달린 게 여러 개 있어요. 네가지가 있는데.

주무실 때 다 잠그고 주무시거든요. 그런데 제가 조금 늦게 들어오거나 하면은 '미연아 들어오니?' 문자 보내주세요. '아, 저 조금 늦을 것 같아요. 할머니 잠깐 문 잠

Gwangjin

제가 조금 늦게 들어오거나 하면은 '미연아 들어오니?'고 문자 보내 주세요. '아, 저 조금 늦을 것 같아요. 할머니 잠깐 문 잠그지 말고 주무세요' 그러면 이거만 잠그고 주무시죠.

그지 말고 주무세요' 그러면 이거만 잠그고 주무시죠.
저 인천 갈 때 아니면은 어디 갈 때 그럴 때는 '할머니, 문 꼭 잠그고 주무세요' 그렇게 문자 보내드려요. '할머니, 저 인천 가니까 문 잠그고 주무세요.' 이렇게.
통화할 때도 있고.

핸드폰 사용법 알려주기

핸드폰 한번 알려드린 적이 있었어요. 사진을 보내고 싶다고 하셔가지고.

어르신 자녀들과 교류

(작은방) 할머니 화장하시거나, 아니면은 자녀분들 오시면 여기서 주무세요. 애기가 있어가지고 그 손자분들.

자주 오세요?

주말... 거의 주말마다.
근데 제가 있으면 뭐 같이 애기랑 놀고... 애기가 근데 절 싫어해요.
4살? 5살? 되게 자주 오세요. 그래서 회사에서 공연 같은 거 하면 초대해 가지고 뮤지컬 볼 수 있게 티켓도 드리고. 그리고 제가 있을 때 가을 때 쯤이었나? 할아버지 제사 였거든요. 전날에는 안오시니까 자녀분들은. 할머니랑 같이 제사 준비하고 그랬었어요. 그래서 그 다음 날도 제가 조금 일찍 퇴근해서 같이 밥 먹고 가족들이랑.

제사나 큰일이 있으면 같이 하고.

예, 같이 하고.

본인이 가져온 물건은 무엇 인가요?

식기류는 없고, 가전제품은 선풍기. 옷이랑 침구류. 개인물품. 최대한 짐을 줄이려고.

어르신 물품이나 장소 중 같

이 사용하는 것은 무엇 인가요?

여기 냉장고도 같이 쓰거든요. 할머니랑. 주방도 같이 쓰고.
컵도 같이 쓰고, 숟가락도 같이 쓰고, 냉장고도 같이 쓰고 있고요.

처음에 세탁기 쓸 때 할머니가 쓸 때 얘기를 하라고 하시더라고요. 저도 세탁기를 어떻게 만지는지 몰라 가지고. 하다가, 엄마한테 물어보고 썼죠.
청소.. 뭐 거의 제 방만 하고 있어요. 아니면 화장실에 머리카락 있으면 돌돌 말아서 버리고.
휴지 정도. 화장할 때 쓰는 휴지나 그런거는 버리는데, 화장실의 휴지는 할머니가 버려주세요. 원래 휴지통이 없더라고요.
그래서 제가 비닐봉지에 그냥 놔둬서 제가 버리려고 했는데 버리려고 하면 그냥 버려져 있어서...
다리미 제가 가끔씩 거의 맡긴다고 말씀드렸는데, 집에서 간단히 빤 건 할머니한테 다려 달라고 해가지고... 처음에 말씀드리기가 조금 그래가지고 고데기로 하다가 그걸 보신 거예요. 다음에 다리미 쓸 때 말하라고.

현관열쇠 있어요. 번호 말고 열 쇠 있잖아요. 밑에 대면 열리는 거. 그걸 주셔서 저는 번호 아직 모르고. 열쇠만 가지고 다녀요.

신발장도 같이 쓰죠.
근데 제가 신발이 별로 없어서, 한 다섯개?

집에서 주로 생활하는 공간은?

제 방과 거실.
똑같아요. 계시나 안계시나 거실이나 침실.

홈셰어 주거와 어르신의 조건 있습니까?

교통 편리하고 직장 가까운 곳을 원했어요.
걱정은 아닌데, 제가 교통비가 거의 25만원 나왔어요. 그래 가지고 교통비를 아끼고자
여기 왔는데, 집에도 왔다갔다 자주 하고 출퇴근도 귀찮으면 버스 타고 왔다 갔다 하거든요. 이것도 나가고 교통비도 그대로 나갈까봐 그게 좀 걱정 됐어요. 25만원에서 0원이 나오는 건 아닌데, 그래도 많이 줄긴 줄었는데 일정 교통비는 나가죠.

선호하는 주택 유형은?

아파트였어요.
아무래도 원래 살던 집이 아파트고, 조금 안전하다고 생각하거든요.

나이는 별로 상관이 없나요?

네 나이는 뭐

성격이나 이런 것은?

네 성격도...일단은 말씀드렸던게 제가 조금 야근이 잦을 수 있으니까 늦게까지 안 들어가도 이해하실 수 있고, 되 도록이면 할머니 혼자 사시는 분을 말씀을 드렸죠.

금연이나 흡연 이런 건 상관 없나요?

그거는 아예 생각조차 안했는데 중요한 거 같아요. 생각 해보니까. 만약에 집에서 담배 피시고 하면

은 안 되니까.
밖에서 피시는 건 괜찮은데 안에서 흡연을 하신다면 조금 그렇죠.

'한지붕 세대공감' 홈셰어 생활 후 달라진 점은 무엇입니까?

그 전이랑 이후랑요? 근데 삶의 질이 높아진 것 같아요.
너무 피곤한 거예요. 아침에는 5시에 일어나가지고, 버스나 지하철 타고 교대에서 갈아 타거든요. 광역버스로. 거기서 12시 반까지 있어요. 12시 반까지는 가고 안 되면 회사에서 자고.

경제적인 지출은 높아졌지만, 삶의 질이 높아진 것 같아요.
아무래도 일하는데 피로가 좀 덜 하고 삶의 질이 높아지고.
일단 제 시간이 많아졌잖아요. 5시간이라는 시간이 제 것이 됐는데, 그거 안에서 자기개발을 해야겠다는 생각이 들더라고요. 집에 와서 하는 거 없이 그냥 누워 있다가 자고, 아침에도 일찍 일어날 수 있는데 8시까지 자고 하는 게 너무 아까워서 자기개발을 해야겠다고 얼마 전에 생각했어요.

개인의 공간이긴 한데, 그래도 할머니 집이잖아요. 그래도 어지럽히지 않는 선에서, 할머니가 봤을 때 그래도 내가 방 내줬을 때 깨끗하게 잘 사용하고 있구나. 어쨌든 저는 있다가 언젠가는 딴데로 갈 수도 있으니까. 깨끗하게 써야 되는데..
할머니가 보시기에...

어르신과의 갈등 발생 시 해결은?

그냥 얘기하면서 자연스럽게.

홈셰어 생활에서 좋은 점

저도 얼마 전에 독감이 걸려가지고 아마 할머니가 방을 따뜻하게 해주신거 같아요. 그런거 신경 써주시고. 또, 할머니가 얼마 전에 체해서 침 맞으러 갔다 오셔서 손 만져 드리고 그런 거. 그런 거 밖에 없어요. 아플 때 챙겨 주는 거. 그런 게 좋은 거 같아요. 같이 살면서.
할머니도 좋고, 외롭지도 않고, 안전하고.

구청에 요구할 사항이 있습니까?

아니요. 바라는 점은 없어요.
거기서도 한 번에 매칭이 될 거라고는 생각을 하지 않더라고요. '두 세 군데를 먼저 보고 결정을 해라' 하더라고요.
저는 일단은 독서실 달린 그 쪽을 가기 전에 거절을 당해서 이쪽에 처음 온 거기 때문에 바로 좋아서 여기로 왔죠. 근데 여기보다 좋은 조건이 없을 거라고 계속 얘기를 하세요.
그리고 계약서 상도 부동산에서 가지고 온 거라고 하셨거든요.

구청에 바라는 점이 있긴 있는 데. 일단은 구청에서 얘기를 하실 때 조건이 어떤 조건이었으면 좋겠어요? 라고 막연하게 그러는 거예요. 그냥 제가 생각한 걸로 얘기를 했는데, 지금 보니까 흡연의 유무도 있었고, 여러가지가 있잖아요.
그러니까 그런 매뉴얼을 먼저 얘기를 해주고 이러 이러한 점이 있고 이러한 유무 이런 것도 있다.
그러니까 M학생이 생각하기에 어떤 점이 아니었으면 좋겠느냐.
그런거를 미리 알려 줬으면 일단은 조금 폭이 딱 틀이 잡혀질거 같은데요.
그래도 저는 좋은 집과 할머니를 만나서.

(홈셰어) 할머니들끼리 모여도 얘기가 재밌게 오고 갈 거 같아요. 모임 만들어도 좋을 거 같아요. 할머니들끼리.
아무래도 혼자 사시고 낮 시간은 할게 별로.. 있으시겠지만, 매일 있으신 건 아니니까 서로 모여서 얘기하고 정보공유, 다른건 모르니까 우리는 어떻게 하고 있는데... 그러면서 얘기 나누면서도 좋아질 수 있고..

Gwangjin

광진구 자양동 D 아파트

어르신 : 여, 75세

사별 후, 1남 4녀를 모두 출가시키고 홀로 생활하고 있다.
현재 주거공간에서 산 지 18년되었으며 외손녀와 함께 생활하다가, 홈셰어는 처음 시작하였다.
공영방송에서 대학생과의 홈셰어 생활에 대하여 인터뷰 촬영을 경험하였다.

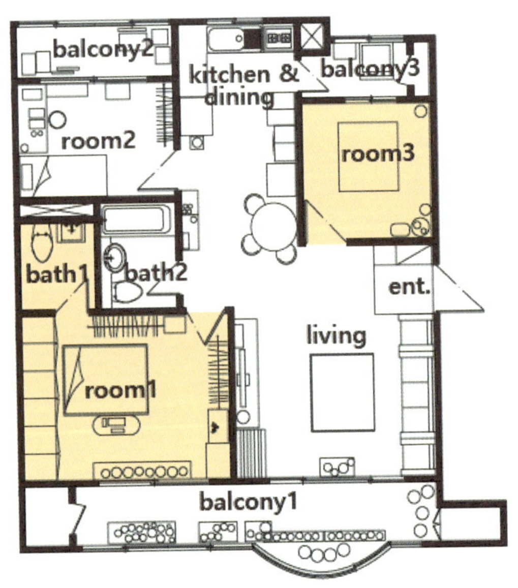

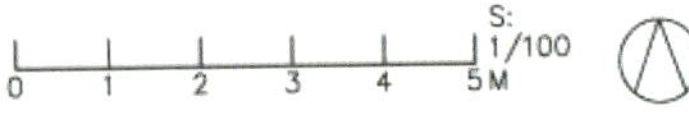

어르신방
주거평면

> 제일 좋은 점은 그냥 이게 들어온다는 게 제일 좋죠. 이것도 저도 그냥 아들이 융자받은 게 있어서 제가 보탬이 될까 해서 좀 불편해도 내가 불편해도 해서 놓는 거지.

건강은 어떠십니까?

무릎이 제일 아파요. 많이 지금 불편해서 5월 달에 수술하려고.
양쪽 다 아파요. 너무 심하게 썼어.
50 전부터 아팠어요. 참, 인내성으로 여태... 주사 맞아가며 견뎠는데. 이제 뭐, 병원을 옮겨 다니면서 맞아도 듣질 않아.

하루 일과를 어떻게 보내십니까?

그러니까 월, 수, 금, 수영(광진문화센터) 가서 친구들이랑 놀다 3시 넘어서 4시에 집에 오고는 계속 집에 있어요.
수영도 하고, 아침에 또 매일 배드민턴 치러도 다녀요. 한강에서 했어요. 네트장이 있어요. 겨울에도 눈이 오나 비가 오나. 그냥 나가서 차 한 잔이라도 먹고 들어오고. 매일 나가요. 아침에는.
그냥 이제 늦게라도 즐겁게 살으려고 제가 많이 노력하죠.
수영장 다니니까 그냥 수영장 친구들. 저기 또 운동 다니니까 운동 다니는 배드민턴 치는 회원 들. 노인정 있는데 노인정에는 또 안 가.
이제 배드민턴 아침에 나가서 치고 들어오면 화초 돌보고 물 주고, 밥은 아홉시 반에서 이렇게 밥 먹고.

저는 8시 반에서 9시면은 자요. 아침에 근데, 새벽에 어떤 땐 2시도 깨고. 그렇게 깨면은 못자요. 하루에 많이 자면 5시간 자는 것 같아요.

텔레비전, 라디오 아니면 테레 비전 누워, 눈... 붙일 때까지.
이제 텔레비 보다가 들어가면 또 라디오 듣고. 그냥 라디오를 주로 많이 들어요.
화초 만질 때나 끄지. 그렇지 않으면... 계속 키고 있죠.

그러다보면 외롭고 뭐... 참 힘들게 어렵게 살았는데 외로운 거는 아직 그렇게 못 느꼈어요. 이제 힘들게 살았지만 지금이 저는 70이

내 인생의 최고라고 생각하거든요. 고생을 하다가 하다가 이제 애들 다 보내고 내가 나 하고 싶은 문화생활 하고 하니까 70이 내 인생 최고다 하고 사니까 외로운 게 또 지금은 없고 젊어서는 그냥 벌어 야하니까.

'한지붕 세대공감'은 어떻게 아셨습니까?

손주딸이 있다 나가면서. 작년 10월달인가? 11월달인가? 그렇게 이사 했어요.

문화센타에 다니는 데 거기서 구청 직원들이 와서 얘기해 가지고 들었어요. 설명할 때 프린트물을 나눠주고 거기에 전화번호가 있었어. 안 버리고 가지고 있다가. 내가 구청에 전화했어요.

'한지붕 세대공감' 홈셰어는 왜 하시려고 생각하셨어요?

이제 우리 손주 딸이 있다가 결혼 해서 나가 면은 이제, 학생 두고 싶은 생각이 있었어요. 그냥 이제 전화번호(구청)만 손주 딸하고 있으면서도 갖다 놓고 있었어요. 그러다가 손주딸이 이사 나가면서 내가 전화를 했어요.

이제 혼자 있으니까 손녀딸 같은.. 남학생은 싫고, 그냥 여학생을 해달라고 이랬어요.

구청직원하고, 학생하고 같이 와서 그냥 손주딸 같았어.

제일 좋은 점은 그냥 이게 들어온 다는 게 제일 좋죠.

아들이 융자받은 게 있어서 제가 보탬이 될까 해서 좀 불편해도 놓는 거지.

홈셰어 계약

학생은 처음으로 왔지.

첫 번에 왔을 땐 그냥 갔고, 두 번째 와서 이제 결정을 지었죠

다시 와서 이제 학생이 방이 마음에 든다고.

얘기도 나눠보시고 이러셨나요?

그렇지 이제. 얘가 온다고 그럴 때는, 제가 하는 말은 절대 비밀번호 누구 가르쳐주지 마라. 그리고 이제 남자친구는 절대 집에 데리고 오면 안 된다 이런 거는 주의를 줬죠.

언니하고, 아버지하고. 저 학생 언니하고 아버지하고. 한번 오셨었어요. 그 분도 교직에 있다는데, 학생 아버지가 너무 좋아하시더라고.

여기 교통 좋고 이런 집을 이제 딸이 됐다는 게 참 이런 인연이, 참 어떻게 이런 인연이 됐냐 그러면서 엄청 좋아하시더라고.

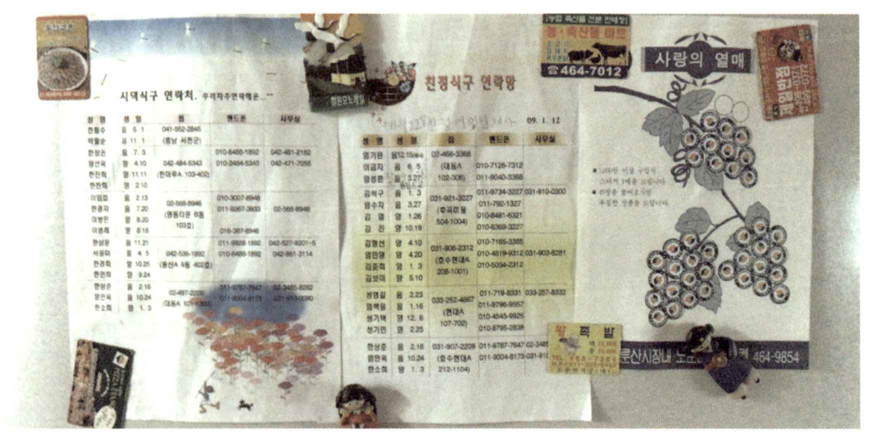

계약기간을 얼마로 하셨어요

육개월. 6월 달이면 6개월이에요.

6월 달에 또 저 학생하고 또 하실 수도 있고?

학생이 가면은, 이제 그건 모르죠. 6월 달 돼 봐야지.

계속 그냥, 다른 사람 오는 것 보다 있었으면 좋겠는데,

자녀들이 홈셰어 하는 거 아십니까?

먼저 자녀분들하고 의논하고 신청하셨어요?

아뇨.

혼자 결정하셨어요?

그냥 있었어서 가지고.. 진짜 혼자 그냥 다 혼자 여태 살아왔으니까. 걱정한... 그런 소리도 못 들었는데.

오남매가 다. 워낙 내가 되게 꼼꼼하고, 뭘 잘못하고 실패하고 이런 게 없이 살아서. 엄마를 안 믿을 수가 없어 얘들이.

홈셰어를 하시면서 불편한 점은?

조금 숨기는 게 있어. 내가 알면서도 그냥 눈감고 그러지.

아니, 주로 먹는 걸 '먹었어요' 하면 괜찮은데 그게 없어.

그냥 나 혼자 이러지. '에유, 지가 배부르면 그걸 먹었겠어?' 그냥 나 혼자 이렇게 새기고 말죠. 계속 있으면 있던 사람이 좋지. 근데 그런 걸 그냥 지 맘대로 먹고 얘기를 안 해.

솔직히 '할머니 내가 배고파서 먹었어.' 그러면 '아유 잘했다' 이러겠는데 그게 조금 그래 가지고...

냄비도 어떨 땐 해먹고 닦았다는데 닦은 거 같지도 않고. 저는 진짜 깔끔했어요. 지금 나이 먹어서 그렇지. 18년 19년차 돼도 화장실 들어가도 어디 곰팡이 요만한 거 하나 없어요 내가. 깔끔하게 살아요.

손녀딸한테는 불을 켜놓고 자고 이러면 이런거 말할 수 있는데, 그런거 말하기 불편해. 그러고 그 방에 창문을 어떤 때 보면 밖에서 올려다보면, 열었어. 그런걸 주의를 줘도 잘 열어놓고. 오늘 또 밖에서 보니까 창문을 열어놨어. 오늘도 주의를 했지. '야, 잠근 문도 따고 들어오는데 뭐 가져갈 거는 없지만 위험하지 않냐.' 그렇게 얘기를 하죠. 그런데도...

불편한 점은 있죠. 그.. 어떤 때는 밥이라도, 반찬 있이 하는 날은 내 마음은 같이 먹고 싶은데 쟤는, 일어나는 시간이 틀려. 그러니까 나 혼자 그냥 먹고 쟤는 저 혼자 먹고 이래요. 그래서 처음에도 제가 이렇게 말해. '야~ 지금은 시어머니 며느리가 살아도 한 공간에 살아도 밥도 따로 해먹는 집 많아요, 한국에도' 그래서 그런 말을 해줬어요. 그냥 불편하게 하지 말고 편하게 우리 먹자고.

죽을 쒀서 한 대접 퍼주고서 내가 먹을라고 한 그릇 더 놔뒀는데, 그 다음날 먹을라고 보니까 조금 남았더라고.

그것도 그렇고 밥도 그렇고 반찬도 그렇고... 아유, 그럼 나는 또 그

냥 얘기하면 또 얘가 조금 이렇게, 서로 대하기 그럴까봐 모르는척하고 지금까지 넘어가요.
한번은 말 할라 그래요. 나는 먹는 거 갖고 말 안할테니 '먹었어요' 소리 좀 했으면 좋겠다는 걸...
밤늦게 열두시 넘어서 한시 두시 이렇게 씻다보면 걔가 씻고 나면 세시돼. 내가 잠을 못자니까는 그거는 얘기하고 싶어요.

첨에 와서 이거 전기를 막 켜놓고, 이거 왜 선풍기같이 생긴 거. 그걸 켜놓고 자는... 화재날까봐.

학생과 함께 생활하는 이야기를 해 주세요.

식사

밥은 따로따로 하는데, 혹가다 따로 해먹을 때도 있고, 그냥 한 솥에 해서 줄 때도 있고.
어떤 때 그냥 며느리가가 차운 데 있으니까 멸치 같은 거 이렇게 볶아서 식탁에 놔두면, 줄라고 보면은 다 먹고 놔둬. 뭐를 이렇게 많이 하면은 먼저 한 그릇 줘요.

제사음식도 같이 차리고 그래요?

아니, 만드는 건 안 만들지. 만드는 건 안 만들지만, 내가 시간 맞춰서 들어와라 해서 같이 먹죠.
(우리 아이들과) 우리 집 아저씨 제사 때 한번 겹쳤다. 제사 땐 쟤가 안 내려가니까 그때 한번 겹쳤어요. 우리 아저씨 제사 때.

대화하기

뭐, 대화가 별로 없어, 나도 그렇고 그냥 단지 난 서운한건, '할머니 다녀올게요' 이러면 좋은데 그러 질 않아. 와서도 잘 안 해요.
여기 있는데 '어~ 오늘은 일찍 왔다?' 그냥 이러면, '네' 그냥 그러지. 이제 늦게 들어올 때 나는 모르니까. 그냥 자니까. 8시 반에서 9시면 자거든요. 지금 젊은 애들 거의 늦게 오잖아요. 그런데 나갈 때 이럴 때는 '할머니 다녀올게요' 이러면 좋은데 나는 한~번 안 빼놓고 그 말은 해. '조심해서 다녀라. 다니다가 혹시라도 불량배가 쫓아 오면은 아무집이라도 가차운 집으로 뛰어 들어가라. 도와달라 그러고.' 그런 소리를 해주는데도 안 해. '할머니 다녀오겠다'고. 조금은… 하고 싶어도 안 나오겠지. 하고 싶어도, 지가 속에서는 하고 싶어도. 입 밖으로 나오질 않겠지. 좀 그랬으면 더 그냥 친손주 같은데,
늦게 들어오니까 늦잠자야하고, 같이 앉아서 얘기할 겨를이 없어요.

시장가기

먼저 시장에 같이 다녔어 시장 에도.
다들 '손녀딸이냐?'. '네,네~'

핸드폰 사용법 알려주기

제일 좋은 거는 내가 핸드폰 갖고 할 때, 뭐 모르는 거 그런 거 가르쳐 주면 제일 좋죠. 제일 좋더라고요.
전화번호가 분명히 있었는데 없어. 내가 치과에 전화번호도 분명히 해놨는데 언제 내가 지웠는지 없는 거야. 그럼 집에 앉아서 우린 찾는 게 어렵잖아요. 근데 학생들은 금방 찾더라고.

빨래하기

같이할 때도 있고 따로 할 때도 있고 그래요.

같이 널어서 다 개어주고. 근데 이제 처음에 왔을 땐 빨래가 엄청 많이 나오더라고. 뭐 한 일주일에 서너 번씩 빠는 거야. 세제는 사다 쓰라 그랬어.

본인이 빨긴 해요?

네, 가끔 돌려요.

대부분 대신 해주는 거야. 내가.

또 돌려놓고 안 널 때도 있어요.

널어주고.

화장실 청소

지금 우리 학생은 화장실이고 뭐고 그냥 하고 나오면 내가 다 치워주고.

청소는 거의 안 해요.

어르신 집에서 학생과 함께 사용하는 물건이나 장소 있습 니까?

주방용품

하나도 내가 꺼내놓지 말라 그랬어.

나 혼자 쓰니까 이거 있는 그릇 다 써도 되니까.

밥통도 같이 쓰고. 냄비고 뭐고 하나 꺼내놓지 말고 다 같이 쓰자 그랬더니.. 같이 쓰는 거는 다 괜찮은데,

본인 그릇이나 이런 걸 가져오긴 했어요? 아니면 어머니가 처음 부터 가져오지 말랬어요?

가져오지 말라 소리는 않고, 같이 쓰자 그랬지. 근데 깨기도 하고 막 그래.

주방, 거실, 화장실

주방도 같이 쓰고, 화장실도 같이 쓰는.

거실도 TV도 보고 해요. 처음에는 그냥 이불까지 갖고 나와서 여기서 공부하다, 지 이불갖고 나와서 자다가 저기서 자다 그래. 그냥 여기서 대자로 뻗어서 자는 거야. 내 그 말을 그때 했어요.

저거 인터뷰(TV에서 인터뷰 한적 있었고) 할 적에. 그 다음부턴 안 그래.

침구류

요까지 이부자리까지 다 줬어.

손주딸이 쓰던 거, 그거 뭐야. 라텍슨가 뭐 그거 이백만 원 얼마 준거.

이불도 그게 싸구려 이불이 아니에요. 오리털 이불. 딸들이 나 사준 거.

커튼 다해주고

와이파이 공유기

그리고 컴퓨터 쓰는 거 왜, 컴퓨터 하는 거 저거. 그것도 우리 손녀딸이 2018년까지 돈을 내놨어. 그래가지고 그게 환불이 안돼서 그냥 쓰고 있는 거지. 학생이. 돈 안 들고

학생에 대한 어르신의 생각, 배려

같이 그냥 산다고 봐야죠. 그렇게 생각해야죠.

내 집에 있는 동안 얘가 잘 있다가 좋은데 취직해서 가는 것을 원하죠. 항상 나갈 때면 '조심히 다녀라, 조심히 다녀라' 나갈 적마다 '너 조심히 다녀' 그러고 진짜 졸업해서 좋은데 취직해서 나가길 바라죠.

제 마음은 진짜 꼭 잘 되기를.

수영장 이런데 다니니까, 그런데 갈 때면 호박죽도 쒀가지고 가고 막 뭐 이거저거 해가지고 갈 때가 많아요.

모여 앉아서 먹느라고. 학생거를 따로 덜어놓고 그러죠. 먹으라고. 어디 갔다 와서 음식이 있어, 내가 남아서 갖고 오면 꼭 챙겨주고, 어디서 과일 하나 들고 와도 주고 진짜. 학생도 불편하겠지만 저도 조금 불편한 거 있지만 다 그냥...

구청에 요구하신 것이 있습니까?

구청에서 이제 약간 수리 같은 거 수리비용 지급...

아니. 신청 안했어요. 그런거 몰랐어요. 지저분한데 있으면 고쳐주면은 내놓기도, 내 놓은 사람도 오는 사람도 좋죠.

입주하는 학생 조건 있었습니까?

여학생 해주세요. 그렇게만 했어요.

구청에서 했기 때문에 틀림없는 애다 하고 믿음이 있었지.

시민단체나 그런데서 했다면 덜 믿음 갈 거 같은데.

구청이니까 제대로 된 학생을 선정을 할 거라는 믿음이.

걱정되는 부분도 하나도 안 해봤어요.

구청에서 홈셰어하는 사업 어떻게 생각하세요?

제 생각에는 많이 이렇게 학생들 좀 이렇게 해서 됐으면 싶으더라고.

어머니가 이렇게 해보니까 만족스러우세요?

뭐, 만족스러운 거보다 저는 이제 학생들이 조금이라도 도움이 되지 않을까 해서 이런 거 좀 많이 됐으면... 잘됐으면.

어머니가 이렇게 해보니까 나는 좋다?

예, 괜찮아요.

이제 경제적 수입도 생겨서 좋고, 또 학생을 돕는다는 생각도 좋고, 내가 이거 핸드폰 같은 거도 모를 때 물어보는 것도 좋고.

Gwangjin

광진구 자양동 D 아파트

대학생 : 여, 23세

지방에서 서울의 대학교로 진학하면서
부모님으로부터 독립하게 되었다.
대학기숙사와 자취생활을 하고
이번에 홈셰어를 처음 시작하였다.
가족인 아닌 타인 친분이 없는 어르신과 함께
생활하는 것에 내가 잘 생활할 수 있을까 진짜?"
걱정을 가지고 시작하였다.
공영방송에서 어르신과의 홈셰어 생활에 대하여
인터뷰 촬영을 경험 하였다.

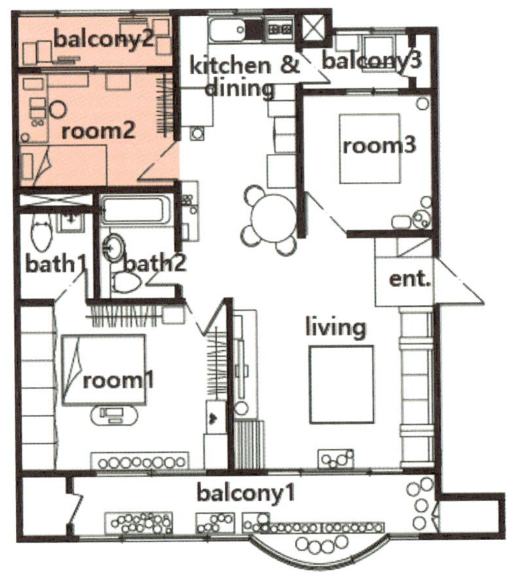

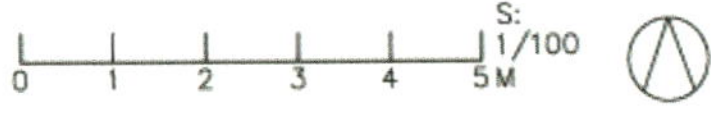

청년방
주거평면

학교생활, 하루 일과를 이야기 해 주세요.

일단은 학교 수업 듣는 거랑, 학교에서 과제 때문에 작업실에 있는 거랑.
그 다음에 친구들이랑 밥 먹고 술 마시고 카페 가고 이런 정도.
밖에서의 생활이 훨씬 많아요.

일단은... 저 산책하면서 걷는 거 좋아하고, 그 다음에 그리고 도서관, 서점 책 보는 거 좋아하고, 그리고 친구들 하고 맛있는 거 먹는 거 좋아하고. 디자인과다 보니까 디스플레이 구경하고 다니고 가로수길...

'한지붕 세대공감' 홈셰어를 하게 된 동기는 무엇입니까?

외삼촌도 오라고 하셨는데, 외삼촌 가족은 그 자녀 분이 다섯명이라 제가 가면 너무 아무래도 짐이 되는 느낌이라서.
고모 집은 여기서 너무 멀어서 김포공항 쪽이어서. 왔다 갔다 하기에 그래서 어쨌든 자취를 해야겠다 이런 생각을 하고 있어서.

지하철 광고 핸드폰으로 찍어 놨어요. 그러고 나서 이제 진짜 집 구하는 시즌에 진짜 알아보자 그거 해 가지고.

가격이 이 주변에서 구할 수 없는 가격이니까.
훨씬 싸요. 훨씬 보증금도 없고.
학교에서 무지... 되게 가까웠고.

'한지붕 세대공감' 홈셰어는 어떻게 알게 되었습니까?

1학년부터 기숙사, 그 다음에 자취, 그런 식으로.
그 상태로 계속 해 오다가 이걸 알게 돼, 지하철 광고(포스터)를 봐 가지고. 그게 있어서 핸드폰으로 찍어 놨어요.
나중에 알아봐야겠다. 생각만 하고 있다가 '어 진짜 해 봐야겠다' 하고.

어르신과 대화 또는 교류 생활 하세요?

제가 그 어렸을 때 할머니가 키워 주셔 가지고, 그래서 처음에 이걸 할 때 크게 거부감이 없었던 게 저는 할머니랑 항상 친하게... 지금도 친하게 지내고.
친할머니랑 친하게 지내는.. 절 키워주신 게 친할머니셔서. 그래서 저는 그것으로 생각하면은 내가 충분히 할 수 있겠다 생각을 해서.

장보기

초반에는 시장 위치 알려주시고, 장 보러도 같이 가고.
위치 알려 주신다고, 주변에...그렇게 했는데 ... 시간이 지나고 제가 학교가 바쁘고 그러다 보니, 크게 어디 같이 간다거나 이거는 잘 안 되는 거 같아요.

대화

아침에 인제 나갈 때 '다녀오겠습니다' 그리고 갔다 왔다 '다녀왔습니다'.

뭐, 제가 뭐 만들고 요리하고 싶을 때 그럼 알려주세요.
된장찌개, 그거 막 할려고 하는 데 어떻게 하냐 하면, 할머니 오래 하셨으니까. '어떻게 해야 맛있다' 알려주고, 밥 짓는 것도 그 요리팁? 알려주시고.

그리고 손녀? 그 할머니 가족 분들.. 뭐 소식 전할 때 전화 정도, 이번에 손녀 분 결혼하셔 가지고, '결혼한다' 뭐 이런 얘기하고.

뉴스에서 '뭐 이런 일이 있더라' 이런 얘기도 가끔 해 주세요.
"너 조심해라 세상이 흉흉하다" 이러시고.

핸드폰 사용법

학교 갔다 왔을 때 아니면 주말에 둘 다 집에 할머니랑 저랑 다 있고 시간이 될 때, 할머니가 그 스마트폰 모르는 거 물어볼 때 그때는 좀 상세히 알려드려야 되니까, 그때는 오래 좀 얘기하는 거 같아요.
거실 소파에 앉아서 해요.

식사

식사, 밥 먹는 타이밍이 아예 달라서.
저는 일단 아침을 잘 안, 거의 그냥 두유 같은 걸로 때우고, 점심 밖에서 먹고 저녁도 밖에서 먹고 이러니까.
주말에 할머니가 9시 그리고 5시쯤 드시거든요.
저는 12시, 7시.

빨래하기

세탁기 쓸 때 할머니께서 '돌린다. 뭐 있으거 있으면' 하고 아니면은 급

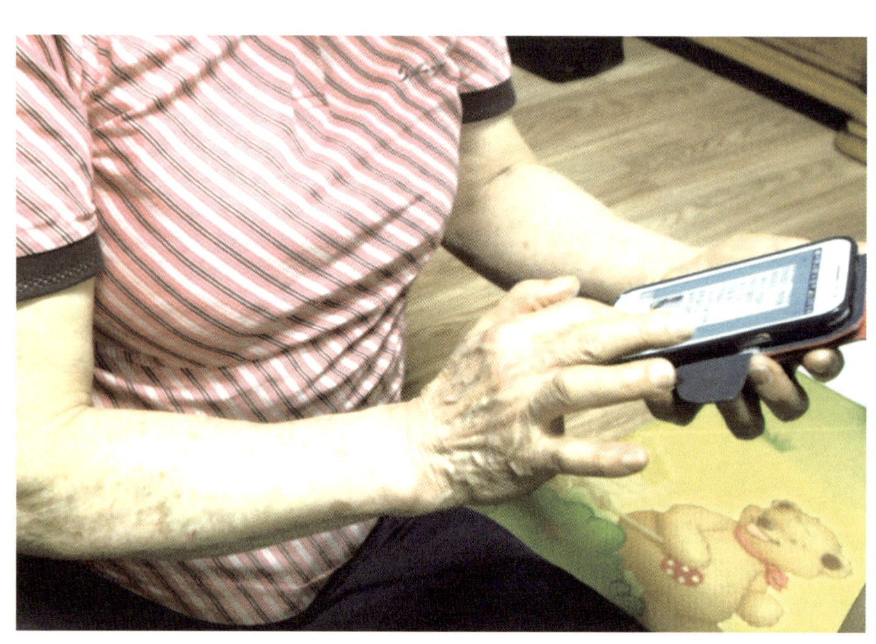

하게 내일 빨리 입어야 되면은 그냥 자유로 돌리고 말리는 것도 있거든요. 너는 것도 그냥.
제가 집에 거의 작업하느라 아침 나가서 밤 늦게 와요. 주말에만 좀 집에 있고. 그래서 할머니가 빨래 돌리고 싶을 때는 제가 학교에 있으니까 계속 의사를 물어 볼 수 없으니까 그냥 돌리고 너시고, 제가 할 때는 '할머니 제가 할게요~' 하고 제가 또 널고 거의 이렇게 되요.

화장실 청소

청소는... 거실이랑 다른 데는 다 할머니가 하세요.
화장실은 제가 그냥 샤워하고 나서 변기 물 뿌려서 닦고, 세면대나 그런데 물 조금 닦고 그 정도.
밑에 머리카락이 떨어져 있으면 수시로 이렇게 이렇게 쓱~

어르신과 함께 사용하는 물건이나 장소 있습니까?

침구류

매트리스는 원래 이 방에 있었어요. 이불도 주셨어요. 할머니가.
인터넷 공유기도 원래 손녀분이 살다가 독립하신 거라서 설치해 놓고.

주방용품

어~ 할머니가 그릇도 같이 쓰자고 하셔 가지고. 제 것도 가져 왔는데 그냥 같이 쓰자고 해서.
밥솥~ 안 가져왔어요. 할머니가 같이 쓰자고 하셔 가지고.
할머니가 안 쓰신 젓가락 쓰고, 그릇 같이 쓰고, 그 뭐 후라이팬, 냉장고도 같이 쓰고, 그리고 그냥 부엌에 있는 제품은 거의 같이 쓰고.

세탁기

같이 쓰고. 세재는 따로 써요.
저 는 섬유유연제 안 넣어서.

현관비번

비밀번호를 알려주셨어요.

신발장

신발장도 같이 써요. 신발은 있는 칸에. 비어 있는 칸에.

거실

거실 자주 초반에는 갔는데, 할머니가 이제 거실 제가 뭐지 티비를 자주 보시는데... 제가 가면 약간 조금 신경쓰이시나 봐요. 그래 가지고 자주는 안 가고 가끔. '이거 와서 봐라 이거 재밌다' 이러시면은 가서 보고, 잘 안가고.

주방

주방은 자주 가는 거 같아요.
저는 그냥 보통 만두 끓여 먹거나, 뭐 계란 후라이 해서 먹거나, 밥은 쌀밥은 잘 안 하게 되요.
반찬 같은 거는 엄마가 좀 보내 주시거나 그 다음에 좀 챙겨주시는 고모가 있어요

학생이 가져온 물건은 무엇인가요?

저는 옷걸이 이거 하고요.
화장대하고 책꽂이하고 책상하고. 침대 빼고 다 가져 왔어요.

그릇, 개인그릇, 숟가락, 젓가락, 반찬 통? 이런 거 가져 왔어요.
물컵도 하나 가져 왔어요.

홈셰어를 하시면서 어렵거나 불편한 것이 있을까요?

아무래도 제가 음악을 크게 틀어놓고, 노래를 부른 다거나 그리고 아, 저는 특히 학교에서 늦게 막 새벽에 올 때도 있어서 그때 막 씻고 싶은데 화장실에서 물소리가 나면 다 들리니까 방에. 할머니가 밤에 잠을 깨셔서, 밤에는 샤워하지 말라고 하셨고.
뭐, 그런 점?

창 여기 문을 깜박하고 열어 놓고 잤어요. 근데 도둑 들어올 수 있으니까 위험하잖아요. 그거를 바로 되게 엄하게 '문 열면 안 된다' 이렇게 하니까 좀 그런 부분에서 약간 ... 불편해요.

불편한 것은 뭐, 좀 아무래도 뭐 '음식 쓰레기는 여기 버려야 된다' 뭐 이런 규칙들을 제가 딱 지켜야 되니까.

아무래도 이렇게 살면서 교류를 더 훨씬 많이 하면 좋을 거 같다는 생각은 하는데 .... 그래서 제가 그 저번에 영화 한 번 보러 가자고 했었는데, 할머니 그때 아프셔 가지고 감기가 심하셔 가지고 못 갔어요. 근데 이게 뭔가 이제 제안하기가 좀 어려운 그런 게 있어요.
뭐 외식도 같이 하면은 한 번쯤은 자주는 아니여도 한 번쯤 하면은 아무래도 같이 사니까 좋을 거 같은데, 그게 뭐냐 쉽지가 않고.
조금 약간 거리가 있으신 거 같아요.
쪼~끔 그래요. 왜냐면은 좀 깔 끔해서 되게 이렇게 탁! 있으시다 보니까, 저의 친할머니와 외할머니랑 또 다른 그런 느낌은 아니어서 '할머니 뭐 먹으러 갈래요?' 뭐 '영화 보러 갈래요?' 그것을 한 번 제안하고, 또 다시하는 게 저는 좀 어려운 거.

홈셰어를 하시면서 만족스러웠던 점은?

가격, 무조건 가격, 그리고 안전성이랑.

그래도 만약에 친구랑 살거나 혼자 살았으면, 아마 지금보다 훨씬 방도 어지럽고 훨씬 되게 뭐라 그래야 되지? 또 너무 약간 비정상적으로... 약간 자유인처럼.
그런데, 할머니가 쓰레기는 이 때 버려야 된다 이렇게 해주시고, 뭐 불은 끄고 이렇게 약간의 잔소리인데, 이렇게 케어 해 주시는...
삶을 케어 해 주시는 게 있으니까, 좀 그래도 정신 차리고 사는 거 같아요.
그런 건 있어요. 약간 군기 들어서 사는 느낌?
할머니가 한 번씩 잡아주고.

할머니가 일단 깔끔하시니까 쾌적, 화장실도 완전 깔끔하시고 부엌, 거실 다 깔끔하게 하시니까 제

가 쾌적한 느낌이고.

홈셰어 계약

광진구청인가? 전화를 해서.

그거 관심 있다고 혹시 나온 집이...

아파트가 있냐 했더니, 3개가.. 2개가 나와 있었고. 그래서 어떻게 이런 조건이면 가능하다 이렇게 해서.

적극적으로 제가 그렇게 해 가지고.

집을 먼저 알아본 다음에.

두 집을 어떻게 다 가 보셨어요? 아니면 여기가 첫 번째 집이셨어요?

그 둘 다 가보는 건 안 된다고 하셔가지고. 부동산 개념이 아니라고.

먼저 선택을 하라고.

그니까 저는 외관을 일단 둘러보고 밖에서. 아파트 외관이요. 여기 아파트 안에는 못 들어오게 하셔가지고.

그래서 처음엔 당황스러웠긴 했는데, 아무래도 주인 할머니께서 학생들 막 왔다갔다 보러 왔다 갔다 하면 되게....그래서 그냥 이해하고 일단 층수로 여긴 3층이고 거긴 1층이였으니까. 1층은 좀 위험할 거 같아서.

친구가 과외했던? 그 학생 어머니가 사는 아파트 여가지고, 친구한테 물으니까 아파트 좋다고 해 가지고 여기로 하게 됐어요.

연장이 가능하다면은 재계약 하고 싶다는 생각하고 계세요?

네. 저는 졸업, 지금 내년에 졸업인.. 내년 4학년하고 졸업인데, 그냥 졸업할 때까지.

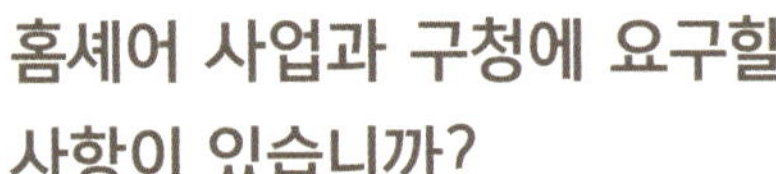

홈셰어 사업과 구청에 요구할 사항이 있습니까?

일단은 되게 좋은 사업이라고 생각하고. 왜냐면 대학생이 자취 집 구하는 것도 어렵고, 있어도 너무 비싸고 안전성도 너무 떨어지고.

그런데 아파트라는 일단 메리트가 너무 좋고, 이 가격에 너무 좋고.

근데... 뭔가 좀 바꼈으면, 보완하면 좋은 점은 딱히.

대학생들이 좀 그 LH사업은 홍보가 잘 되있더라고요.

그래서 애들이 다 잘 알더라고요. 그런 거처럼, 잘 알 수 있었으면 좋겠고, 그리고 후기가 좀 올라 왔으면 좋겠어요. 살았더니 어땠더라~, 좀

참고 할 수 있게.
내가 이걸 해도 될까 안될까 이런 거를. 홈페이지나 페이스북 페이지이면 더 좋고.
왜냐면 젊은 친구는 그걸 더 많이 하니까? 페이스북 그런 거... 방 어디 나왔다, 아파트 나왔다 이런 거 실시간으로 알려주고, 위치랑 가격, 부동산처럼.

이렇게 정보가 나왔을 때, 좀 이해하기 쉬우셨어요?
다 이해가 가능했는데, 그 내부를 보지 않고 결정해야 된다는 것만 조금 난감했어요. 뭔가 찍기 하는 느낌?
둘 중에 하나만 골라야 된다 그러고, 그래서 사진이라도 그 전에 보여줬으면 좋았을 텐데...뭐 내부 사진이나 그런 거. 일체 안 보여 주시고.
홈셰어 전문 직원분들의 얘기밖에는 얻을 수 있는 정보가 없었어요. 그래서 계속 전화하고 '그 집이 혹시 햇빛이 잘 들어와요?' 막 그런 거 다 물어보고, '평수가 대략 어느 정도 돼요?' 이런 거 물어보고.
그래서 정보를 얻을 수 있는 데가 없어서 그냥 직원 분하고 계속 통화하고. 좀 약간 어려웠어요.
제 주변 친구들이 하나도 몰라 가지고. 정보를... 알고 아예 아는 친구들이 없었어요 .

일단은 내부 사진을 상세하게는 아니더라도 대략 있었으면 좋겠어요.
방에 그냥 구조만이라도 그냥 알 수 있게 일단 그거하고, 그리고, 같이 살게 되는 어르신 분의 어.. 주의할 점? 학생이 이런 거 안 된다. 할머니인지? 할아버지인지? 그런 거랑 뭐 성향 같은 거 있잖아요.
밤에 늦게 들어오는 거 싫어하신다. 남자친구 데려오면 안 된다 이런 거를 미리 고지를 해 주면은 방 고르는 데 참고가 잘 될 거 같고.
그리고 일단 홍보가 좀 많이 됐으면 좋겠어요.

홈셰어 어르신 또는 주거 환경의 선호 조건 있습니까?
일단은 무조건 할머니. 그게 맘 훨씬 편할 거 같아요.

나이대는 음~ 크게 상관 없었어요.

상관없는데, 만약에 집 안에 담배 냄새가 막 계속 머물러 있다거나 그랬다면 만약 선택 안 했을 거 같아요.

일단 돌아 봤을 때에 1층 그 쪽은 나무가 우거져 가지고 막 그늘이 져 있을 거 같았어요 집에, 근데 여기 3층이고 둘러 보니까 남향, 남향은 햇빛이 조금. 여기 다 통하거든요 햇빛이. 이 집은 그래서 저 무조건 햇빛 선호하는 편이라서.
자취 경력으로 무조건 햇빛있어야겠다! 이걸 딱 경험으로 알아 가지고.
햇빛이 있는 거라 일단 오케이했고, 친구 얘기 들어보니까 이 집이 그 아파트가 방 3개 있고 넓고 좋

Gwangjin

햇빛이 있는 거라 일단 오케이 했고,
친구 얘기 들어보니까 이 집이 그 아파트가
방 3개 있고 넓고 좋다고 들었고,
학교에서 무지... 되게 가까웠고.
게다가 아파트고. 훨씬 안전하잖아요.
여긴 경비원이 있잖아요.
자취할 때는 항상 불안했었거든요.

다고 들었고, 학교에서 무지... 되게 가까웠고.
게다가 아파트고. 훨씬 안전하잖아요. 여긴 경비원이 있잖아요.
자취할 때는 항상 불안했었거든요.

부모님은 홈셰어 하는 것을 알고 계십니까?

부모님한테 말씀 드렸어요. 아버지 어머니 두 분 다 찬성하셨어요.
괜찮다고, 너 그럼 진짜 잘 됐다고.
가격이 이 주변에서 구할 수 없는 가격이니까.

'한지붕 세대공감' 홈셰어 생활 후 달라진 점은 무엇입니까?

일단 제가 친구랑 같이 살았을 때 그 친구가 같은 학교가 아니여서, 근데 그 친구랑 꼭 살고 싶어서 굳이 중간 지점에 자리를 잡고, 그 친구 학교가 학교 주변이 집값이 K대 보다 훨씬 싸서 그냥 거기로 집을 잡고, 제가 그냥 왔다 갔다 했거든요. 그래서 너무 그 통학이 힘들었는데, 일단 여기 가까우니까. 그것에 대한 부담이 하나도 없고 학교도 잘 나가게 되고. 그런 장점이 일단 있고요. 그리고 그런 거 있잖아요. 친구랑 살 때는 아무래도 자취 초보다 보니까, 실수, 잘 모르고 뭐 음식 관리하는 방법. 할머니가 오래 집안일 하셨으니까 그런 팁들을 다 알려 주시고 엄청 깔끔하셔가지고. 그거를 잘 케어, 음식을 어떻게 보관해야 된다, 쓰레기 어떻게 버려야 된다 뭐.. 이런거를. 그래서 더 약간 관리 잘 되는 느낌? 인생이 전반적으로 관리가 잘 되는 느낌? 그런게 좀 있어요. 배우는게 있어요.

Nowon

노원구 상계동 H 아파트

어르신 : 여, 75세

현재 주거공간에서는 20년 동안 생활하였으며,
자녀는 남매로 모두 출가 독립시키고,
나 홀로 생활하고 있다.
홈셰어는 2003년 노원구에서 가장 처음 시작할때,
어르신이 구에서 제일 처음 참여하였다.
현, 학생은 두 번째로 입주하여 공유생활을 하고 있다.

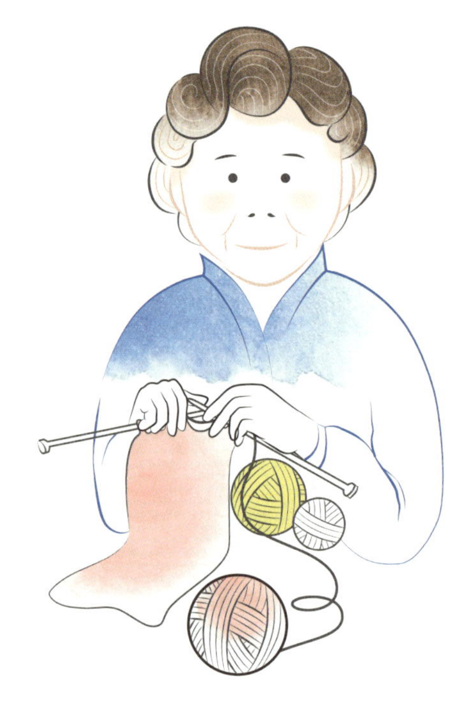

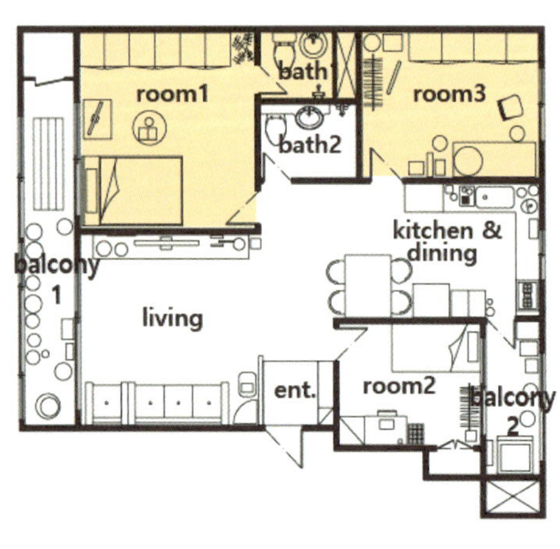

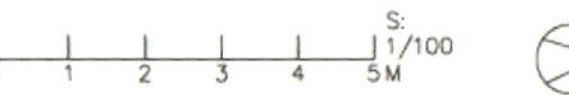

어르신방
주거평면

약간 혼자살기 외롭고...
적적한 것도 있고. 혼자 살면서
평수대로 관리비도 나오고 이렇잖아요.
이제 관리비가 부담 안 되고 좋아요.

하루 일과 중에서 주로 밖에 많이 나가세요?

수영 다니고, 친구 집에 어떤 때 가면, 안양에 친구 있으니까.

가서 친구 집에 2-3일 있다 올 때도 있고.

경로당에서 오라카긴 해.

근데 우리 어머니가 다니던 데니까, 내가 다른데 이사 가면 몰라도 '어르신, 어르신' 하고 커피 사다 드리고 음료, 그런거 해 드리고 하던데 가서 내가 버릇없이 거기 가서 뭐를 하겠어. 그러니까 안가져. 나이 먹어가지곤 친구도 못 사귀어. '우리 집에 놀러오세요' 이래도... 그냥, 그래요... 인사정도만 하고 그리고 그냥 옛날친구 찾아가게 되고, 동창 찾아가게 되고.

성당엘 다녀 내가. 그러니까 이제 뭐, 성당에 자매님들하고 왔다 갔다하고 그런거 있지.

'한지붕 세대공감' 홈셰어는 어떻게 아셨습니까?

구청에서 왔어. 편지가 왔어. 엽서. '전화해 주세요. 의향이 있으시면' 그렇게. 그래서 내가 구청에다 직접 전화했어.

구청 설명에 어렵지 않았어요.

텔레비전에 거기 외국 어디지? 왜, 그런데 하고 이러는 걸 봤기 때문에.

구청에서 이제 네덜란든지 거기도 그렇게 해요 영어로. 그렇게 하니까 우리나라도 이제 해보는 거라, 이렇게 얘기 하더라고. 이게 좋은가 봐 반응이.

성동구청에 우리 딸이 텔레비전을, 뭘을 봤는가, '엄마, 성동구청에도 한다' 이러면서.

'한지붕 세대공감' 홈셰어는 왜 하시려고 생각하셨어요?

딸과 일단 상의를 하고... '엄마, 엄마 그렇게 힘들어?' 이러면서 자기가 생활비를 보태주겠대.

'아이 그거보다 그냥 엄마 혼자 있는 게 싫다'

약간 혼자 살기 외롭고... 적적한 것도 있고...

혼자 살면서 평수대로 관리비도 나오고 이렇잖아요. 이제 관리비가 좀 부담 안되고 그러니까 좋아요.

그리고 내가 좀 성격이 이렇게 아무나 사람을 좋아하는 편이야.

자녀분은 홈셰어 하는 것 알고 있으세요?

애들은 약간 싫어했어... 못하게 했어. 그래도 뭐 '내 맘대로지. 뭐 지 맘 대로냐'

학생과 함께 생활하는 이야기를 해 주세요.

빨래

야가 빨래 빨아야 한다고 저 주방엘 가더라고. '민솔아, 빨래 내가 빨아줄게 내 놔' 그러니까 '그러면 고맙죠' 이래. 빨래는 해서 개가지고 딱 해서 여기다 놔. 그러면 얘가 일찍 와서 가져갈 땐 가져가고. 어떨때는 '할머니, 집에 갔다올게요' 이래서 내가 방문 열고 개서 여기다 놔뒀어.

식사

애가 그런 거는 또... 라면을 삶잖아. 그러면 내가 찬밥이 있으면 공기밥을 줘. 그러면 '감사합니다' 이래. '아유 됐어요, 할머니' 안 그래요. '감사하죠' 이래요. 그게 더 편하더라고.

내가 밥 먹을 때 '너 밥 먹을래?' 이렇게 하면 '예, 주면 좋죠' 이렇게 먹고, 안그러면 지가 라면 삶아먹고 그래.

어르신 집에서 학생과 함께 사용하는 물건이나 장소 있습니까?

부엌용품

공기, 그릇, 컵, 수저, 젓가락 이런 거 다 같이 쓰고, 내가 얘기했어. 여기 냄비 있고 이래하다.
얘 어머니가 물어보더라고. '할머니, 밥솥하고 그런 걸 가져가...' '아유~ 내 혼자 받아 먹는데 뭐' 그런거야 어떻게 가져오냐고... 내거 같이 쓰라고...

화장실 용품

깔끔은 한데, 화장지 하나도 안 사. 한집에 살면서 할 수 없이 내가 꼽아주고.

세탁용품

빨래할 때 사용하는 세제도 그냥 할머니 꺼 써요.

침구류

이불도 하나 줬어요.

학생에 대한 어르신의 생각은?

'할머니 이제 아르바이트도 끝낼려고, 공부해야 한다'고. 반 장학금 타는데 열심히 해가지고 장학금 더 탈라고. 나한테 그러더라고. 그러 니까 내가 신통해서 ... 얘가 잘 때 내가 조용하게 해 주고.

할머니 깰까봐 얘가 조용조용해. 아침에 나와 보면 라면봉지가 있고, 조용조용해. 안그래도 되는데 자꾸 할머니한테 조심하는 거 같더라고.

홈셰어 계약

계약은 한학기. 근데 이제 더 있고 없고는 자기 맘.
구청에서 이제 가끔 전화와. 잘하고 있는지....
계약할 때 구청에 가니까 거기 그런거 막 카메라, 연신 많아~ 본 방송국에선 아니지만 이거 뭐, 케이블 TV인가 그런데서 오나봐. 계약하는 거를 찍어 갔나봐.
딸이 '엄마 텔레비전 나오더라 이래서' 웃었어.

홈셰어 입주 학생의 선호 조건 있습니까?

여학생, 남학생 구분 없이... 되면 되고 안되면 안되고.
요즘 애들이 뭐 집에서 담배를 피는 사람이 어딨어?
우리 아들도 엄마 집에 와도 마당에 가 피우는데. 그런 건 터치할 것도 없어. 사생활은. 집안에서만 안 피우면 되요.
얘 방 쓰레기통에 담배 곽이, 우리 아들 담배 곽은 내가 알잖아. 낯선 담배 곽이 있어도 '너 담배 폈냐?' 하고 안 물어봤어.
집에선 절대 냄새 안나.
애가 깔끔해.

구청에 요구하신 것이 있습니까?

학생 방에 있는 의자하고, 책상, 옷걸이하고 구청이 해줬어.
도배해준나 그러더라고. 우리 집은 할 필요 없다고 내가 그랬어.

Nowon

노원구 상계동 H 아파트

대학생 : 남, 23세

군 제대 후 대학 복학하면서 홈셰어 시작하여
현재 3개월 진행하고 있다.

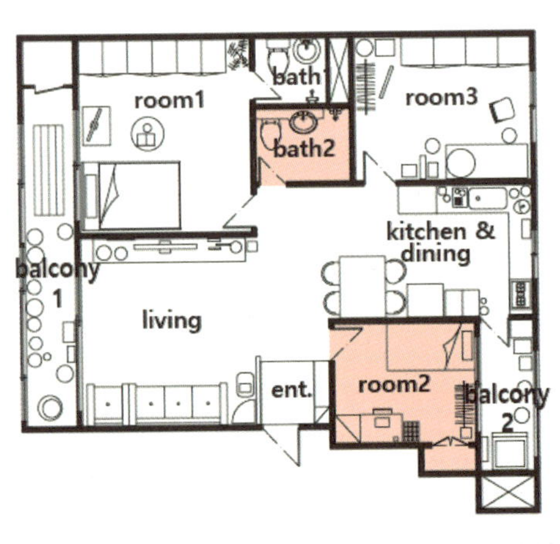

청년방
주거평면

처음에 할머니께서 어색한 것 보다,
제가 좀 어색해 가지고 처음에는.
제가 좀 어색했어요. 그런 낯선게 제일 컸고...

학생의 학교생활, 하루 일과를 이야기 해 주세요.

지금 또 과제 폭탄이 밀려와 가지고.

8시? 빠르면 8시 한 20분? 그쯤 나가거나, 8시30분 그쯤에서 10시 사이에 학교로 나가요. 수업 듣고 점심 먹고, 그리고 또 수업 듣고, 그리고 수업이 한 보통 이제 빠르면 4시에서 5시에 끝나거나 늦으면 6시에서 6시 30분에 끝나면은 이제 친구들이랑 저녁을 먹고 또, 저녁먹고 보통 도서관을 가거나, 언론사라고 교지 편집 일을 하거나 요즘은 연구실을 가서 그 작업을 한다거나. 일찍 들어와야 저녁11시, 늦으면은...
1시에서 1시30분.

'한지붕 세대공감' 홈셰어는 어떻게 알게 되었습니까?

교지 쓰는 거. 제가 교지 쓰는 거 할 때, 제가 이런 기사를 한번 썼어요. 3년전에.
이제 좀 '학생 주거 문제가 대두화되면서 이제 이런 방안도 있다' 라고 소개도 하면서 제가 썼었거든요. 한국사례요.
일단 저는 노원구청 홈페이지 인가? 룸셰어링 사업을 맨 처음 알린 정부 기관 인터넷에서 이제 그걸 확인을 하고... 룸셰어링에 대해서 검색 해가지고.
편집장 형이 있었는데, 그 형이 '그런거 주거 문제에 대해서 쓸거면은 이런게 있다는 거 정도만 말을 해라, 룸셰어링이라는 게 있다' 라고.
제가 그런 거 찾아보다가 셰어 하우스, 룸셰어링 그런거 찾아 보다가 알게 되가지고, 제가 뉴스 기사도 보고 하면서 알아보고, 그래가지고 '아 이런거구나' 해가지고, 제 글에 썼죠.
'이게 이제 시작하는 단계인데 이런게 있다' 라고 소개하면서 이제 '우리학교 학생들도 이런 거 이용했으면 좋겠다' 라고 제가 글을 썼었거든요.
글로 어떻게 보면 홍보를 한 거죠.

'한지붕 세대공감' 홈셰어를 하게 된 동기는 무엇입니까?

저기 서울. 아~ 근데 학교가 좀 멀어가지고 학교가 워낙 외진 곳에 있어서 한 시간 반 정도 걸리거든요. 그래서 제가 원래 집에서 다니라고 하셨는데 부모님은. 제가 좀 불편해가지고 이걸 한 거거든요.
작년에는 그냥 '한학기 통학할 수 있겠지' 했다가... 너무 힘들어 가지고.
학교 편하게 다니려고. 그 이유가 제일 커요.

어르신과 대화 또는 교류생활 하세요?

처음에 할머니께서 어색한 것 보다, 제가 좀 어색해가지고 처음에는.
제가 좀 어색했어요. 그런 낯선게 제일 컸고...

3월까지는 그냥 여기도 낯설고 학교도 새로 막 수업 듣는 것도 적응하고 그러다 보니까 정신없이 지내다가, 그냥 3월말? 4월쯤 돼 가지고 좀 괜찮아졌던거 같아요.

처음에는 교류한다고 조금이라도 했었는데, 요즘 제가 바쁜 것 때문에 못한다. 이정도로...

대화, 인사

처음에는 막 밥 먹으면서도 얘기를 했었고,
저 학교 다녀와서 좀 일찍 왔을 때, 잠깐 부엌에 앉아서 쉬거든요.
그래가지고 할머니께서는 같이 서서 얘기 좀 하시고.
학교에서, 뭐 '오늘은 뭐 공부를 하고 갈거다' 뭐 그런 얘기...
챙겨주시고 얘기하는 정도? '공부 좀 적당히 해라.', '요즘 뭐, 막 힘들진 않냐.' 뭐 그런 얘기. 일상적인 얘기이죠...

결과적으론 처음이 좀 더 많은데, 제가 요즘에 워낙 바빠지고.
학교 과제 그런 것도 있는데, 막 연구실 생활이라고, 저 연구생 같은 거 하고 있거든요, 학교에서. 워낙 바빠서. 집에도 늦게 들어오고 거의 요즘은 잠만 자고 나가는.

여기(안방 문 앞) 한 번 살짝 들려가지고, 할머니 갔다 온다고 하고.
그러면, 할머니께서 따라 나오셔요.
여기(현관)까지 오셔서 잘 갔다 오라고.

전화하기

할머니는 폴더 폰이었던 거 같아요.
문자 예전에 초반에 한 번 보내봤었는데, 안 보시는 것 같더 라고요.
전화를 해야 받으세요. 그래가지고 문자는 안하고, 연락할 일이 있으면 전화를 하죠.

식사

식사는 가끔 같이 한 적 있고요.
그것도 손에 꼽을 정돈데, 밥을 같이 한 것 보다 제가 일찍 왔을 때 밥을 챙겨주셨어요. 거의 같이 먹을 때가 없지만...
가끔 들어오셔 가지고, 뭐 좀 먹으라고. 뭐 먹을 거 있으니까, 방에서 먹으라고 챙겨주시거나 그럴 때 방에 들어오세요.

빨래하기

농담 삼아 말씀하신 줄 알았는데 진짜 빨래 해 주세요.
그냥 여기다 놓았다가 좀 쌓이면은... 쌓일 때 되면 할머니께서 '빨래할 때 되지 않았냐'고 물어보시고.
그거 얘기하시면 드리거나 '아~ 빨래해 주세요.' 하고 드리거나. 아니면 이제 제가 많이 쌓였다 싶으면 '할머니, 빨래 좀 해 주세요.' 하고.

어르신과 함께 사용하는 물건이나 장소 있습니까?

학생방 용품

매트는 원래 할머니께서 이거 주신 거. 밑에 까는 것도 주신거. 이불은 이거 하나 가져 왔어요.

주방용품

가끔 라면 제가 끓여먹죠. 식탁 쓸 때도 있고, 거의 근데 쓴 적이 손에 꼽아 가지고.
기구는 할머니 거인데, 이제 뒷 정리는 제가 당연히 하고.

화장실 용품

샴푸, 치약, 비누 뭐 이런 거 제거이고요.
늦게 들어와 씻을 때도 엄청 조용히 씻어요. 제가 원래 밤에 씻을 때는 집에 서도, 원래 집에서도 부모님, 어머니께서 워낙에 잘 깨셔 가지고, 밤에 씻을 때 엄청 조용히 씻어요.

제가 화장실 청소해요. 청소용품 그런 거 할 필요가 없게 매일매일 깔끔하게 쓰거든요. 제가 화장실 깨끗하게 쓰는데, 청소할 필요성을 아직까지 못 느꼈어요.

세탁기, 용품

세제 같은 거는 따로 제가 가져온 건 없고, 할머니께서 저기 원래 있던 세탁기에다 해주시거든요.

현관 자동번호

번호를 알고 있어야 들어오는 거라서.

신발장

신발장이... 원래 안 넣어놨었는데, 할머니께서 하나 넣어 놓으셨더라고요. 제 신발이 두개인데 여기에, 하나는 제가 맨날 쓰는 거랑 좀 안 쓰는 거 넣어 놓으셨더라고요.

공용공간

제방이랑 거실이랑 부엌이랑 화장실. 그렇게 다 왔다 갔다 하거든요.

학생이 가져온 물건은 무엇인가요?

옷이랑, 이런 컴퓨터라던가, 그리고..

홈셰어를 하면서 어렵거나 불편한 것이 있을까요?

아니요. 없어요.

잘 살고 있어요. 그냥 뭐 불편함 없이 잘 살고 있어요.

홈셰어를 하면서 만족스러웠던 점은?

거의 같이 지내는데 할머니께서 터치를 하나도 안하셔가지고.

거의 그냥 제 맘대로 하고 있어요.

저는 이제 만약에 지금 이 여기서 사는 거를 개인적 생활이 한 7이고 공동생활을 3이라고 생각하면은 그 기숙사 생활할 때는 6대 4 정도? 홈셰어는 저만의 생활이 비중이 조금 더 큰 거 같아요.

저는 저만의 방이 없으면 안했을 거예요.

홈셰어 계약

'아직 있구나' 해서 노원구청 홈 페이지를 들어가 봤죠.

구두로, 전화로 제 개인정보 먼저 알려주고 그렇게 먼저 신청을 했어 요. 구청 쪽에서 연락이 와가지고 서류 작성이랑 하고, '지금 학생한테 괜찮은 집이 지금 이정도가 있다. 한번 봐보겠냐?' '이정도 위치에, 임대료는 얼마고, 할머니 진짜 괜찮으시다. 전에도 했었는데 그 학생도 엄청 오래 살다가 나갔다' 여기는 그렇게 소개를 받았었고, 그래가지고 다보고 여기가 깔끔하고 괜찮아서... 할머니도 굉장히 편하 게 얘기하고 그 느낌이 좋아서 신청을 했죠. '여기로 하겠다' 해서 끝이에요.

처음에는 여기 말고 3군덴가 보고 했어요. 여기가 처음이었어요.

홈셰어 사업과 구청에 요구할 사항이 있습니까?

그거는 원래 처음에 이제 제가 들어

오기 전에 살고 있었던 그 여자학생이 있을 때, 이거 옷장이랑 그 벽지랑 새로 해주신 거거든요.
그렇게 들어가지고, '그게 지원을 해준 거다.' 라고 해서 '아~ 그런가보다' 하고 그냥 넘어 갔어요.
아무튼 이게 지원이 되어 있다고 해서 '그런가 보다' 하고 '옷장있고 그러면 괜찮겠네' 했죠.
홈셰어 할 때 생활 서비스를 제공한다 그런 거 다 필요 없는 것 같아요. 그런 건. 처음에 적힌 종이를 줬었는데, 다 필요 없는 것 같고.

이게 홍보가 더 잘 돼서. 더 많은 어르신들이 참여하고, 그런 제도가 되었으면 좋겠다.
학생들도 거의 아는 사람만 아는 것 같더라고요.
대학이랑 연계를 해가지고 홍보가 좀 되면 좋겠어요. 그런게 안되는 것 같더라고요. 대학차원에서 소개라도 해주거나, 받는다던지, 신청자 접수받는 것도 더 좋을 것 같아요.

홈셰어 어르신 또는 주거환경의 선호조건 있습니까?

성격 이런거는 할머니도 성격이 좋으신 거 같아서, 집도 깨끗하고. '활발하신 분이면 좋겠다'
너무 말이 없으신 거 보다는, 그러니까 간섭은 없으면서도 편하게, 이제 활발하게 말을 거시고... 아, 뭐라고 해야하지... 간섭은 아닌데 편하게 활발하게 말을 할 수 있는?

부모님은 홈셰어 하는 것을 알고 계십니까?

니 맘대로 해라.
부모님은 항상 제 뜻대로 다 해주시거든요. 제가 알아서 잘 할 거라고 생각하셔서...
저를 믿으시니게 강하게 있으셔 가지고 제가 원하는대로 다 해주세요.

친구들한테 홈셰어 설명하 거나 권유하세요?

그냥 어떤 어르신이랑 같이 사는 건데... 아~ 전 제가 설명할 때 이렇게 말했었거든요. 그냥 '제가 이런 거 하고 있다' 라고하 면 '어 그게 뭔데' 라고 물어보면은 '아... 어떤 어르신이랑 같이 사는 건데, 자취나 뭐 하숙 그런건 아니고, 그냥 뭐 터치 별로 안하시고 그냥 내 방에서 지내는 거다. 임대료는 대신 싸다.' 그냥 그렇게 '임대료가 싸고, 그렇게 같이 지내는 거다.' 그러면 '아~' 그래요.

홈셰어는 괜찮은 거 같다고. 그렇게 말을 할 수 있을 것 같아요.

'한지붕 세대공감' 홈셰어 생활 후 달라진 점은 무엇 입니까?

예전에 한시간 반 통학을 안 한다는 거.
시간이 많아진 거.
학교에서의 시간이 더 많아졌다.

이게 홍보가 더 잘 돼서.
더 많은 어르신들이 참여하고,
그런 제도가 되었으면 좋겠다.
학생들도 거의 아는 사람만
아는 것 같더라고요.

Dongdaemun

동대문구 휘경동 J 아파트

어르신 : 여, 72세 남, 76세

2년 전 이사하여 현재 주거에서 생활하고 있다. 1남 3녀 자녀들은 모두 출가 독립하고 할아버지와 할머니 노부부만이 거주하고 있으며 방 하나를 대학생에게 홈셰어를 시작한지 1년 6개월 되고 있다.

어르신방
주거평면

어르신 건강은 어떠십니까?

나는 건강해요. 이빨을 빨리 해넣어야지. 임플란트 받았으니까 이제 다 됐어. 이제 오늘 가서 본 뜨고 왔으니께.

아휴 나 참 엄청 스트레스 받았어. 머리 다 빠지고... 작년 9월달부터 이때까지 내가 아이고... 엄청 스트레스 받어.

먹지도 못하지, 어디가서 말도 못하지. 그래도 지금은 말이 잘 나와. 말도 안 나와.

우리 아저씨는 군인가서 다치셨잖아요. 보훈... 대상자. 보훈대상자지.

그래서 이쪽 팔을 못쓰잖아.

하루 일과 중에서 주로 밖에 많이 나가세요?

할아버랑 아침식사가 한 8시 넘어야 밥 묵어.

여덟 시 넘으면 여기서 밥 먹고, 또 그러고 나면 뭐, 세수하고 옷 주워입고 어쩌고 하면 열시 넘잖아? 그러면은 나는 또 노인정으로 가고. 매일 노인정이야.

열시 넘으면 열시 반에 노인정에 가면 밥을 해줘야 돼. 노인네들 팔십 넘은 노인네들. 봉사해. 그래서 이제 밥해주러 가야돼. 반찬 사다 대야 되고.

한 다섯시까지 있다가 문 잠그고 오잖아.

나 올 삼월부터 노인정 들어갔어 여기서. 그런데 노인정에서 나를 그렇게 좋아하더라고. 어. 3월부터 총무하라고 난리더라고.

우리 아저씨는 놀러 나가시고.

할아버님 점심은 어떻게, 혼자 드셔요?

아저씬 나가서 해결하시잖아.

'한지붕 세대공감' 홈셰어는 어떻게 아셨습니까?

홈셰어링, 그 신... 신문 저기에 들어 왔더라고.

팸플릿을 보냈다고. 구청에서. 신문에 끼워서.

그... 저기 팸플릿이 들어왔어. 팸플릿이 들어왔길래 얼른 가서 신청했지.

우리 딸이 여기 살으니까, 딸더러 오라해서 '야, 여기 이러 이런 게 나왔는데, 야, 우리도 이거 하면 어떻겠냐?' 그랬더니 '엄마, 잘 생각했다' 애들이 그러는거야.

그러면 가서 신청하라고 해서 둘이 가서 신청했지. 할아버지하고 둘이.

'한지붕 세대공감' 홈셰어는 왜 하시려고 생각하셨어요?

우리 애들이 호주에 가서 공부할 때, 그렇게 했었잖아요.

호주에서 공부할 때, 이런 집에서 공부했거든 걔네들. 그래서 그게 한국가정이었었거든? 그래서 엄~청 잘해줬었어 그 집에서. 그래서 걔네들이 둘 다 거기서 학교 다

Dongdaemun

우리 애들이 호주에 가서 공부할 때,
그렇게 했었잖아요. 그래서 엄청 잘해줬었어
그 집에서. 그래서 걔네들이 둘 다 거기서
학교 다녔다고 그 집에서.
내가 그때 너무 감사했었지.
이런 홈셰어 하는 걸 알아서 홈셰어가 어떤
것이다 라는 거는 알고 있어.

녔다고 그 집에서. 그래서 내가 그때 너무 감사했었지.

애들이 호주에서 이런 홈셰어 하는 걸 알아서 홈셰어가 어떤 것이다 라는 거는 알고 있어.
근데 이런 우리나라에는 그런 게 없었지.

여기 학교들도 가찹고. 그래서 헌거여.
학생들도 좋지 뭘. 보증금, 엄마들이 보증금 만들라면 얼마나 힘든 거야.

자녀분은 홈셰어 하는거 알고 있으세요?

걔네들은 뭐 말 안했죠. 잘했다고, 잘했다고 애들이. 엄마 잘했다고.

그때 할아버지께서는 아무런 말씀 안하셨어요?
하라 그래서 했지. 그래서 아유, 우린 저 방도 다 놨으면 좋겠다고 그랬더니, 애들이 '엄마 하나만 하요. 욕심 부리지 말고 하나만 하세요.' 그래서.

학생과 함께 생활하는 이야기를 해 주세요.

대화하기
어저께는 10시 넘어서도 안 오더라고. 그래서 우리가 어떡해. 그냥 잠 들었는데, 오늘 아침에 '너 어제 몇 시에 왔어?' 긍께, '11시 넘어서 왔어요' 그러더라고.

식사
내가 이제 만약에 일어나서 이제, 밥 시간 되면은 밥 먹고 가라 그러지. 그럼 먹고 가지. 될 수 있으면은 우리 손자가 하는 말이 '할머니 자꾸 밥 먹으라고 하지 마세요. 귀찮아요.' 그러더라고. 그것도 일리가 있더라고? 지금 애들은 지들 먹는게 따로 있잖아. 그래서 아, 할머니가 착각했다. 그래서 지금은 그저 지들 먹을 수 있는 거. 빵이나, 그런거. 지들이 좋아 하는 거 피자 한쪽라든가 고런거. 고런거 있으면 먹고 가라 그럼 홀딱 먹고 가.
그래서 인제 밥은 잘 먹으라 소리 안 하지.
그래 인제 내가 물어봤지. 'S야! 너 학교에서 밥 주는 거 맛있냐' 그랬더니 '네, 아주 잘~ 나와요'. 골라먹는대~ 그것도 자기들은. 먹고 싶은 거로.
그러니 얼마나 좋아. 그래서 내가 뭐

하러 내가 맛있는 반찬 그거 억지로 신경 쓰고, 내가 먹으라고 하랴. 긍께 '내가 잘못 됐구나' 하고 내가 뉘우쳤다니까.

오늘 아침에 처음 커피 먹고 갔어. 오늘 아침에 내가 빵, 좀 구워서. '야 상진아! 커피 주랴?' 그러니까 '괜찮은데요' 그래. '너 커피 먹어 한잔만' 그랬더니, 타줬더니 먹대.

청소, 빨래, 건조

잘해주는 거 딴 거 없지 뭘.
빨래 뿐이 더 있어?
빨래해주고 청소해주고 뿐이 없지.
(학생방) 내가 다 해주지. 아침에 헐 때. 저는 이제 청소를 하는지 뭔지 모르지. 제 놓고 가는 거 고대로 놓고 내가 요렇게 움직이니까 안 만지고. 지꺼 안 만지고.

발코니에 세탁기 있고 이제 빨아서 다 널어주지.
난닝구 같은 것도 내가 하얗게 다 삶아서 다 해주고.
그리고 개서, 거기다(학생방) 개서 거기다 놔두면 지가 찾아 입어.

방문 단속

얘가 나갈 때 문 안 잠그고 그냥 닫고 가는 거여. 방문도 안 잠궈~. 우리도 안 잠그고 저도 안잠궈. 우리도 어디 갈 때 안 잠그고 저도 안 잠그고.
식구같이 그냥 지내.

어르신 집에서 학생과 함께 사용하는 물건이나 장소 있습니까?

부엌용품

물먹을 때 그냥 우리 컵으로 먹는 거지.

학생방 물건

장롱 하나 이렇게 비워줬지. 내가 쓰라고.
책상은 없는데 내가 이렇게 상 갖다 놔줬지.
잠자리는 이제 추울까 봐, 이거 온돌, 전기 온돌매트. 이불 하나. 베개 하나.

장소

집 모든 곳 다 같이 쓰는데, 걔는 시간이 없어.
걔는 모범생이라서. 아침 8시쯤이면 학교가. 7시 반이면 일어나서 닦어. 닦고서는 벌써 옷 입고 그러고서 8시쯤 되면 나가.
밤 열시되면 들어와. 도서관에서 공부하다가.

학생은 오면 요 화장실이나 왔다 가고, 물이나 한 잔 마시고.
물이나 하나, 진짜 학생은 요렇게 해가지고 화장실가서 몸 씻다가 물이나 조금 마시려고 여기(부엌) 조금 왔다가 자기 방이야.

화장실

화장실은 두 개니까 저쪽 방 꺼 쓰지. 저쪽 이방(안방)에 화장실이 붙어 있어. 그래서 여기 쓰고 학생은 요 바깥에 꺼 쓰고, 낮에 샤워할 때는 나도 쓰고.

처음에는 화장실을 사용하는데, 얘가 집에서 마냥 막 물을 뿌려 놓는 거야. 근데 내가 그걸 매일같이 청소하려니까 힘이 들더라고.
그래서 내가 S더러 'S야. 할머니가 너 닦고 나가면 너 화장실 날마다 청소하고 나니까 힘드는데, 화장실 청소 좀 않게 어떻게 니가 깨끗이 걸레로 닦고 나올 수 없냐?' 내가 그랬지.
'네, 알겠습니다' 그랬어. 그러더라고, 그러더니 요즘에는 물기를 싹 닦아놓고 나와.
그냥 막 털고 나오니까 머리카락이고 뭐고 엄청 나더라고.
근데 내가 그걸 맨날 청소를 하니까 힘들더라고. 그래서 얘기했더니 지금은 깨끗 하잖아.
화장실에 걸레 있는데, 지가 다 빨아서 이렇게 널어놓고 널어놓더라고. 그래서 내가 일주일에 한 번만 화장실 닦아 주잖아.

화장실 물건은 이쪽 거는 학생 거, 여기 조금 있는 거는 내꺼.
저기 안에 우리랑 같이 넣어놔.

신발장

같이 쓰는데, 신발도 두 개 갖고 신어. 구두 하나 운동화 하나.

학생에 대한 어르신의 생각은?

학생이 저기 하니까, 학생이 저기 하니까 우리가 좋지. 학생은 모범생이에요. 아주. 우리가 편하지.
학생이 착하고 아주~ 모범생이라 우리가 성가실 게 없으니까 우리가 편한거지. 그것도 막, 친구들 데려오고 담배나 먹고 막 애가 그러고 엉뚱한 짓이나 하고 돌아다니면 그것도... 그것도 싫잖아. 우리로서는. 어른들로서는 싫은 게 많지. 그른데 그른게 없어요 그게. 말도 잘 듣고.

손자지. 손자하나 키우는 거처럼 생각을...
쟤는 조용하고 손자 같애. 손자. 우리 손자하고 똑같다니까 말 잘 안하고 조용하고 공부만 하고.

내가 '야, 너 다니면서 핸드폰 귀에다 끼고 다니지 말고 길에서 그런거 보고 절대 다니지마. 너 넘어지거나 다치면 큰일나니께.' '네, 알겠습니다.' 그러고 지금은, 일학년 때 처음에 여기다 끼고 다녔다고. 걔가. 그런데 지금은 안 끼고 다녀.
그렇게 애가 착해요. 그니깐 애가 착하니까 너무 좋은 거지. 우리 로선. 그런니까 내가 더 잘해주고 싶고.

홈셰어를 하시면서 만족스러웠던 점은?

경제적으로 보다도 비어있는 방이 많으니까 안 좋잖아 우선.
문 열고 들어가면 싸늘한 기운도 있고 마음이 안 좋은데, 우선 사람이 들어 있으니까 문을 열어도 좋고, 좋은 거야.
난 경제적인 면에는 떠나서야. 이런 거 돈 35만원 이런 거는 생각 같아선 그까짓 거 있으나 없으나여, 나 같은 경우에는.

근데 우선 사람이 있으니까 좋은 거야. 잠을 밤에 같이 자니까 너무 좋은 거야.
밤에 같이 자니까. 이게 우리 아저씨가 어디라도 가게 되면 나 혼자

잖아 밤에.
아이고 안 좋더라고. 근데 학생이 있으니까 너무 좋아 같이 자니까.
난 밤에 든든하니까 더 좋아 밤에.
학생이. 그리고 기다려져 난. 걔 10시면 10시까지 오는, 오니까 기다려져.

애가 착하니까 너무 좋은 거지.
얘가 착해. 얘가 너무 착해서, 아~ 말썽 부리는 게 있어 뭐 있어. 너무 깨끗하고 다 좋아~

어머니가 좋으셔서 학생도 말을 잘 듣는 거 같아요.
그것도 학생 나름이지. 원체 얘가 착하니까 그렇지. 참 모범생이라 니까.

금요일날, 오늘 금요일이지? 오늘 벌써 집에 갔어. 걔 공부하고 오늘 공부 마치고, 집으로 가는 거야. 갔다 일요일날 밤 10시쯤 와. 그러니까 별로 시간이 없다니까 걔도.
저도 편하고 우리도 편하지. 내가 간섭을 안하니까. 학생한테도 좋고, 우리도 좋고. 우리도 너절분하게 갖다 놓고 사는 거보다 좋잖아.

홈셰어 계약

처음에 학생이 왔더라고. 데리고.
그 구청에서 직원하고, 학생하고, 부모하고 데리고 왔더라고. 오기는 학생이 입학할 때부터. 지금까지...
방학되면은 얘기를 해 지가. '저 다시 있어도 됩니까?' 하고 물어봐. 방학 되면 이제 애들이 다시 이동이 있는가 봐.
응. 그래서 '니 맘대로 해라' 그러면 '예, 감사합니다' 그러고 가지. 지가.

학생이 있고 싶으면 계속 이 학생이 있게 하시고 싶으세요?

지가 졸업할 때까지 있으려면 졸업 할 때까지 있는 거지.
지가 있을라 하면 있는 거지. 대학교 졸업할 때까지 있는다면 있는 거지.

구청에서 홈셰어하는 사업 어떻게 생각하세요?

홍보 팜플렛 읽어보셨을 때 이해하기 쉬우셨어요?

나는 그런 거 이해를 되고 안 되고를 떠나서 더 안정했던 게 뭐냐면은, 내가 개인으로 이렇게 헐러면 사람 잘 모르잖아. 그러니까 어렵잖아, 놓는다는 게. 근데 여기서 허는 거는 확실하니까.
구에서 하니까 응, 확실하니까 더 좋더라고. 더 좋더라고, 확실해서.
그래서 나는 아무 의심 없었어.
구청에서 허는 거.
'야, 이거 사업 잘허는구나.' 했지.
그냥 거기서 알아서 좋은 학생 해주겄지 하고 믿고 헌거니까.
가정조사 다 해서 완벽한 애들 다 보내주는 거지.
그렇지 않고서는 만약에 일이, 일이 잘못됐을 경우는 구청 책임 아니여? 예를 들어서 만약에 쟤가 뭐 잘못했다든가, 그럴 수도 있잖아. 내가 아무리 가방 여기다 놓고 돌아다녀도 일절 뭐 쳐다도 안봐. 근께 그게 착한 애들이여.

여자 담당이 엄청 좋아하잖아.
자주 전화해 '별일 없으세요~'
한 달에 한 번씩은 올라나. 오면 무슨 일 있느냐고 물어보고. 전화해요.

홈셰어 입주자의 선호 조건 있습니까?

여학생보다는 난 남학생이 더 좋은 거 같아.
남학생.. 남학생 해 달라고 했어.

구청에 요구하신 것이 있습니까?

우리가 사 갖고 수리를 다 싹했어.
이렇게 리모델링하고 들어왔지.

구에서 뭐 불편헌거 있으면 고쳐준다 그러더라고. 그래서 내가 '그러면은 우리 세면대가 네모 반듯한 세면대가 돼 가지고 물이 잘 안 내려가니까 학생이 거기다 잘 못 쓰고 이쪽 욕조에다 받아서 쓴다고 걔가. 그게 엄청 불편하잖아. 그래서 그 욕조 좀 갈아 주면 어떻겠느냐고 그랬더니, 누가 와서 사진 찍어가고 다 허더니 소식 없네?
세면대. 우리가 한 15만원이나 얼마 들이면 고치는데, 해준다고 해서 그냥, 그 얘기 했더니 안 오네?
접때 전화하더라고, 구청에서 그거 왔고, 고쳤냐고 그래서, '아니 사진만 찍어가고 안왔다고.' 그러니 '어?' 그러더라고. 그게 뭐 예산이 내려와 있다고 그 양반이 그러시더라고 그 담당이. 고칠 거 있으면 그 하나라도 고치시라고. 딴 집들은 도배도 다 해주는데. 그래서 아직 안 왔어. 안 오면 우리가 허면 되지.

Dongdaemun

동대문구 휘경동 J 아파트

대학생 : 남, 21세

고등학교 때 기숙사생활 경험했으며
서울의 대학 진학으로
현재의 홈셰어 생활을 신입생때 부터 시작하였다.

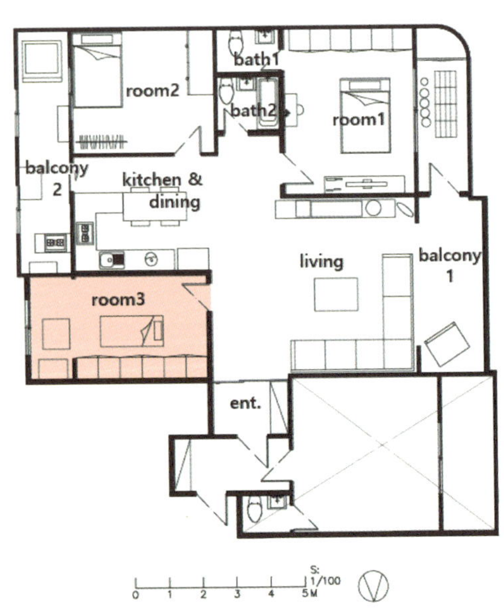

청년방
주거평면

학생의 학교생활, 하루 일과를 이야기 해 주세요.

아무래도 (고등학교)기숙사 3년 동안 했는데 이렇게 살았던 패턴이 몸에 배다보니까 저도 그냥, 그 지금 사는 집은 기숙사처럼 그냥 씻고 옷 입고 자고 정도만 하고 나머지 밥 먹거나 공부하는 건 학교에서 이렇게 다 하죠.

저는 여섯시 한 반쯤? 일어나요.
그리고 학교는 일곱시 반에서 여덟시? 나가고. 조금씩 달라요.
학과 소모임에서 공연하는데 매주 목요일? 7시에서 9시. 두 시간.
그 다음에 동아리 하나 더 있는데, 학교 전체 중앙 동아리? 그건 토론. 수요일 여섯시부터 여덟시오.
집에는 오후 아홉시에서 열시 정도에 들어와요.

주중은 학교 다니고 주말에는 진짜 본가로 내려가는. 학교에서 있다가 금요일 저녁에 내려가고요, 일요일 저녁에 올라와요.

'한지붕 세대공감' 홈셰어를 하게 된 동기는 무엇입니까?

기숙사 떨어지고 그때 또 하필 너무 늦어갖고 그 자취방 좋은 데는 찾기가 늦어서 보고 하게 되었습니다.
근데, 기숙사는 옮겨 다니는 경우가 너무 많아서요. 짐 옮기는 건 불편한 반면에, 그래도 홈 셰어링은 저하고 어르신이 원하시면은 더 늘릴 수 있으니까 좀 상대적으로 옮겨 다니는 게 적으니까 그런 면에서 룸셰어링을 했을 거 같아요.

'한지붕 세대공감' 홈셰어는 어떻게 알게 되었습니까?

학교 그, 게시판. 네. 게시판에 붙어있는 거 보고.
동대문 구청에서 붙어있는 거 보고 알게 돼서 하게 되었습니다.
다음, 다음날? 바로 전화했어요.

어르신과 대화 또는 교류 생활 하세요?

할머니 할아버지와 같이 생활 하니까, 처음엔 좀 걱정을 많이 했는데.
일단은 좀 안 맞지 않을까. 어르신하고. 그냥 생활하는 것도 그렇고, 과제나 놀다 늦게 들어올 수도 있는데 좀 걱정하시지 않을까?
아~ 어르신들도 그냥 제가 그냥 잘 하는 걸로 알고 별로, 별 얘기 없으시더라고요. 좀 늦게 들어와도 그냥 그렇구나 하시고. 별로...

할머니 할아버지와 대화 많이 못 하는 건 시간도 없지만...
그것도 있고 조금. 그래도 좀 어색한, 서먹하고.

대화, 인사하기

일단은 나갈 때. 보통 나갈 때하고 인제 들어와서 인사드릴 때 가기 전에. 근데 주무시고 계실 때도 많으셔서 거의 대화 안하는 경우도 있어요.
얘기하러 그냥 집에 들어왔을 때 잠깐? '언제 집 비울 수 있으니, 신문 같은 거 넣어놓아라' 이 정도?

전화, 문자하기

(늦게늦게 들어올 때) 보통 문자 남길 때도 있고 아님 그냥, 그래도 늦게라도 그냥 들어와요.
먼저 주무시고 계셔 갔고요.

핸드폰 사용법

주로 스마트폰 관련된 게 있었는데, 나머지는 그렇게 뭐 별로 없었고요... 거실로 나와서 가르쳐 드린 적도 있고요.
소파에 앉아서 그럴 때도 있고, 제 방에 들어오시는 경우도 있고요.

식사

아침에 차려주실 때도 있고, 주로 근데 학교 식당에서.
같이 드실, 같이 먹을 때도 있고요.
근데 주로 할아버지가 주무시고 계신 경우가 많으니까. 그런 경우가 많으니까 따로 뭐 간단하게 빵이나 과일 이런 종류 주시는.

빨래하기

처음에는... 내가 빨래해서... 일년 동안은 제 방에 널었었어요.
너무 늦게 들어오고 밤에 돌리다 보면 시끄럽고 그렇다고 해주셨어요.

할머니가 널어주시고 개주시고...

화장실 청소

사용하고 나서 머리카락 정리하고... 처음부터 할머니가 깨끗이 쓰라해서, 욕실 물 뿌려져 있으면 안된다고.
치우라고 하셔서, 닦으라고 하셔서 '네 알겠습니다' 하고 닦고.

어르신과 함께 사용하는 물건이나 장소 있습니까?

물 뜨러 가다 보니까 부엌하고, 그 다음 화장실. 거의 이것밖에 사용 안 해요. 거실은 거의 안 써요. 거실에 텔레비전 안 봐요.

옷장

옷장. 한 칸만 쓰고 있어요.

학생이 가져온 물건은 무엇인가요?

그냥 세면도구하고, 욕실제품, 샤워 타올, 옷? 그리고 이불. 침구류...

홈셰어를 하시면서 어렵거나 불편한 것이 있을까요?

아무래도 밥, 식사. 주말에는 학식이 안 열다 보니까 그 문제도 있고요. 그 다음에 주말, 이게 좀 일찍 나가는 게 익숙한데, 아무래도 오래있기도 그러니까. 주말에 쉬고 싶은데...
아무래도 뭐 그, 어르신 댁 근처에 가족 분? 가족분이 살고 계신 걸로, 살고 계시고 몇 번 오셨거든요. 그래가지고 주말엔, 그 1학년 때는 주말에도 있어 봤는데 주말마다 오시는 거 같아서, 좀 불편하다, 불편...해서... 그때 저는 방에 있었구요. 그러다 보니까 아무래도 쉬는 건 집이 훨씬 낫죠. 그래서 주말에는 집에 가요. 주말에 못 있는 거가 불편해요.

어르신이랑 살기 때문에 저녁에 너무 늦게 들어오면 안 될 거 같고 내집이 아니기 때문에 좀 약간 조심스럽죠.

할머니가 왔다 갔다 해도 괜찮으세요?

네. 별로 상관없는데, 좀 더럽게 쓰 니까. 더럽지 않을까... 조금...
할머니 기준이랑 저랑 좀 다를 수 있으니까.
그거만 조금 걱정되고 나머지는...

할머니가 더 편하세요?

네.
할아버지와는 좀 별로 말을 못해 본 것도 있고 좀 딱딱? 인상이 좀 딱딱하다...
다가가기가 어려운.

> 아무래도 좀 규칙적으로
> 생활하다보니까 도움이 되죠.
> 이거 홈셰어링은 매우 만족이요.
> 아무래도 공공기관이다 보니 믿을 수 있죠.

홈셰어를 하면서 만족스러웠던 점은?

할머니께서 이렇게, 제가 일찍 나가고 늦게 들어오다 보니까 아무래도 빨래도 해주시고, 그런거 보면 아무래도 감사하죠.

일단은 통학을 안 해도 되고, 자취에 비해 싼.. 그렇게 가격도 상대적으로 싸고, 싸니까.
시설도 훨씬 좋고, 아파트다 보니까.

집값이 싼 것도 있고요. 그리고 어르신들과 같이 있다 보니까 생활의 보조 같은 거 받을 수 있고, 그 두개 가장 좋죠.

아무래도 좀 규칙적으로 생활하다보니까 도움이 되죠.

이거 홈셰어링은 매우 만족이요. 아무래도 공공기관이다 보니까 믿을 수 있죠.

홈셰어 계약

처음에 전화했더니 일단은 몇개 양식 주시고는, 인터넷으로 보내주시고 쓴 다음에, 그 어르신들 댁에서 요청? 자리 오면은 연락드리겠다 그렇게 했습니다.
한 일주일? 거의 바로, 연락이 금방 왔어요.

첫 번째 본 집이였어요.
아파트도 깨끗하고. 거리만 좀 있었지 나머진 다 좋았으니까.
구청 담당분한테 설명은 들었고, 일단 같이 살고 방만 따로 쓰는데, 나머지 화장실이나 주방 같은 건 공용으로 쓰고, 그 다음에 뭐 어르신 분들 도와드릴 거 있으면... 도와드리는 그 정도? 이해 했어요.
이해하기 어려웠다는 건 별로 없었던 거 같아요. 딴 데도 서대문군가? 딴 데도 어떻게 하는지 찾아보고 들은 거라.
그래도 설명 또 들으니까 딱히 별로 이해하기 어려운건 없었던 거 같아요. 찾아보고 들은 거라.

2월 달부터 살았거든요 작년 2월.
6개월마다 계속 갱신.
다른데 더 좋은 데가 있을까 싶기도 하고, 짐 옮기는 문제가 또 있으니까.
그냥 계속 여기서...

홈셰어 사업과 구청에 요구할 사항이 있습니까?

계약하기까지 아무래도 조금 기다리는 게. 왜냐면 기숙사도 늦게 모집하고, 그 다음에 자취 같은 경우에는 좋은 방이 빨리 나간다 하거든요. 그래가지고 기다리는 게 조금 불편한 정도? 처음 매칭하는 그런거만 조금 더 빨랐으면.

(구청에서)너무 잘해주셔 갖고 그렇게... 가끔씩 연락도 해주시고, 중간에 연락 하는 거? '괜찮냐?', '잘 되고 있냐?' 모니터링 같은 거.

최근에는 시설 좀 안된 거 있냐고 고장난거? 그런거 있냐고, 지원금 나왔다고 연락도 주셔갖고요. 아,

필요 없다고, 저흰 다 괜찮다고 할머니, 어르신분이 그러셔 갖고, 안했어요.

지원도 말씀해 주신 적 있고, 그 다음에 월세 협상할 때도 먼저 나서 주셔 갖고요. 걱정했는데, 먼저 이렇게 적극적으로 해주셔갖고...

계약서는 꼭 지켜야 되는 거다 라고 생각해요?

네. 그렇다고 느끼는데, 거의 형식적이지 않나. 할머님도 그렇고 저도 그냥 별로. 당연히 지키는 걸로 생각해서.

생활서비스 그거는 할머니 할아버지가 부르시면은 그냥 필요한 것만 하고 정기적으로는 하지 말라고 아예 이야기 해주셔 갖고, 그것도 그냥 거의 형식이 아닌가...

홈셰어 어르신 또는 주거환경의 선호 조건 있습니까?

신청하실 때 '어떤 어르신을 원한다' 조건 이야기 했나요?

저는 없었어요.

성별은?

아무래도 여성. 할머니 분이 좀 더 다정한 게 있으니까.

남성 어르신도... 좀 어색하다고, 말도 없다고. 다른 분 있었는데 별로 없다 하더라고요. 그건 좀 불편하지 않을까...

교통은?

그냥, 좀 가까우면 좋은데... 거리도 별로 상관없다고 했어요.

입주 월임대료는?

아~ 그것도 있구나. 30에서 40만원까진. 40만원 이하면 좋겠다.

만약에 담배피시면?

음.. 아무래도 방안에까지, 제방까지 안에 들어오셔서 피울 일은 없으시지 않을까... 냄새만 안 나면 상관없을 거 같아요.

선호하는 주거는?

집은 일단은 난방 잘 되고, 온수 잘 나오는 거?. 시설? 시설 관련된 거.

부모님은 홈셰어 하는 것을 알고 계십니까?

부모님이 여기서 생활한다니까 뭐라고 하셨어요?

잘 됐다고...

짐 옮길 때 한번 오셨어요. 되게 넓고 좋다고.

할머니도... 네, 좋으시다고. 근데 식사 한번 대접해 드린다 했는데 너무 대화를 못한 거 같다고, 그건 좀 아쉽다고 하시더라고요.

혼자 자취하다 보면은 또 이렇게 좀 너무 놀 수가 있으니까.

근데 어르신이 계시면 좀 덜 하지 않을까 해서. 안심이 된다 얘기도 하세요.

홈셰어를 주변의 지인이나 친구한테 말하세요?

홈셰어 홍보를 하거나 권유하기도 하세요?

그래도 괜찮다고 살만하다고 그러면서. 그... 싸고 살만하다고, 생각만큼 불편한 거 아니라고 하면서.

애들한테 몇 번 얘기해 봤는데, 어르신들과 사는 게 가장 부담스럽다고 그래서. 인터뷰 한 적 있어요. 작년 여름하고 가을, 겨울에.

티비도 있었고, 학교 동아리 쪽에서 방송하는 동아리도 하나. 두 개.

Mapo

마포구 성산동 S 오피스텔

어르신 : 여, 69세

부모님과 함께 생활하다 돌아가신 후 현재는 나 홀로이며, 현 주거공간에서는 5년 정도 생활하기 시작하였다. 여유분의 방은 월세를 해왔으나, 홈셰어는 처음이며 9개월 되고 있다. 방송통신대학에 진학하여 교육학 공부를 수강하고 있다.

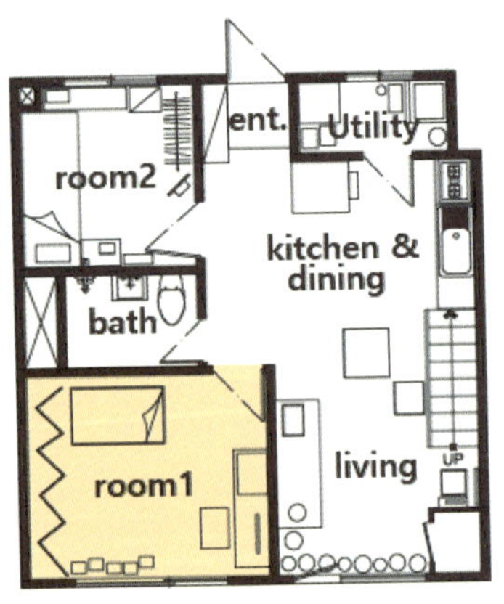

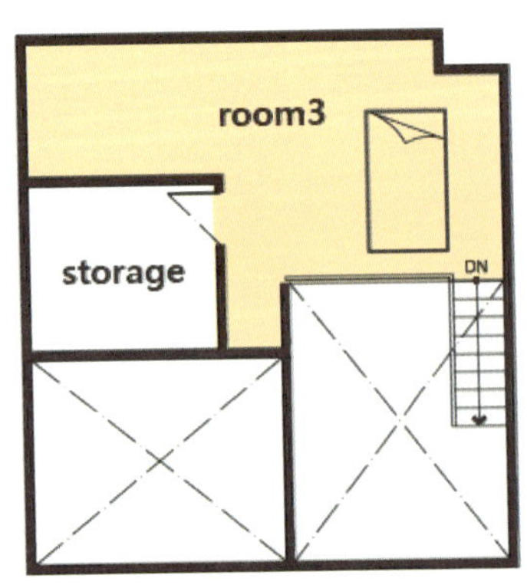

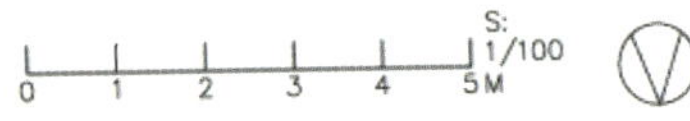

어르신방
주거평면

죽고 나면은 만약에 혼자 살면서 죽으면 얼른 인기척이 없어도 모르면은 헛것이 되거든요 사후신체 기증이. 그래서 굉장히 걱정이 되고, 그것 때문에도 혼자 있는 거는 아니라고 생각되서.

건강은 어떠십니까?

평상시 근육 운동도 하고 책을 보면서 운동을 하잖아요.
그러다보니까 아직까지 그래서 제가 아직까지 큰 병원에 안 갔어요.

무릎이 아파서, 내가 그런거를 안 했으면 아마도 나는...
엣날에 교통사고 8톤 트럭에 치였어요. 오른팔의 연골이, 이 속에 연골이 금이 갔고 아마 못 다녔을 걸 걸음을. 무릎수술 몇 번 했죠. 근데 이후에는 수술도 않고 그냥 무릎주사, 뼈 주사도 안 맞고 있어요. 다 운동 덕분에...

하루 일과 중에서 주로 밖에 많이 나가세요?

이제 천주교를 다니거든요. 그래서 바빠요. 인제 아브라함 대학봉사도 했고, 저기 노인대학하고 반장도 하고 여러가지 하다보니까 밖에 많이 외출을 합니다.
요새는 이제 늦게 방통대 다니고 사회복지하고 또 심리하고 노인복지하고 그런 거 하느라고... 계속 또 한의, 침술, 발마사지 그런 거 하다보니까 바빠요.
그리고 요새는 지금 허준 학교, 건강학교. 그러고 또 아무튼 시간이, 집에 좀 가만히 있는 시간이 없어요.
월요일 날은 일 가야 되고 토요일 오전에 일 갔다 오고, 반모임 해야 되고. 그냥 이게 그러다 보니까 제가 시간이 없다 소릴 한 거예요.

평생 교육사 자격증은 있는데, 또 어디 나이가 있잖아요 이제. 나도 역시 바쁘다 보니까 그나마 봉사로도 기능 기부. 그것도 왜냐면 구역반장을 하고 있으니까 시간이 안 될거 같아서, 올 해는 반장도 임기가 끝나요. 그래서 이제 꼭 돈을 번다기 보다 재능 기부, 그거를 이제 해볼까 해요.

'한지붕 세대공감' 홈셰어는 어떻게 아셨습니까?

이제는 나이가 먹으니까 사람이 들락날락한다는 게 좀 무서운 생각도 있어요.
그래서 그런 판에 우리 교우가 구청에서 그게 있다고 알려 줬어요. 구청으로 전화를 하고 이제 그런 게 있다고 그래서 알게 됐어요.

'한지붕 세대공감' 홈셰어는 왜 하시려고 생각하셨어요?

혼자 있는 거보다 아무래도 두 식구 사는 게 더 낫죠.

경제적인 것도 있고, 또 사람이 혼자 있으면은 저는 외롭고 뭐 그런

거는 없는데, 이제... 모르겠어요. 아직 제가 염려하는 게 시신기증을 했기 때문에,
죽고 나면은 만약에 혼자 살면서 죽으면 얼른 인기척이 없어도 모르면은 헛것이 되거든요. 사후신체 기증이. 그래서 그게 굉장히 걱정이 되고, 그래서 그것 때문에도 혼자 있는 거는 아니라고 생각되서.
옆에 이제 누군가가 있으면 내가 비상시 때 어떻게 할 때 조금 약간.

학생과 함께 생활하는 이야기를 해 주세요.

어쩌고 저쩌고 그런 건 없이 둘이 편하게 살자. 그냥 서로 누구를 어쩌고저쩌고 하지 말고 불편한 거 있으면 얘 기하고 서로. 편하게 살아야지 한집에 살면서 서로 경계하고 또 그러면은 그렇잖아요.

나름대로 동아리도 하고 취미 동아리도 하고 학생도 잘하고 있지만... 그렇게 하라고 그런게 진짜 필요 해요. 그렇게 얘기해요...

아무튼 우리는 단절된 생활은 안 해요.
가족은 아니지만, 서로 인간이니까 서로서로 대화할 수 있고 같이 공유하는 시간을 갖는 거는, 저는 좋다고 봐요.

대화

학생도 바쁜데 둘이 괜히 내가... 자꾸 시간을 뺐잖아요. 그니까 나는 그거 괜히 자기도 바쁜데 젊은 사람 시간 뺐으면 그러잖아. 그래서 내가 자꾸 말을 안 걸어요.

이제 앉아서도 하고 서서도 하고 그건 이제 얘기가 길고 짧은거에 따라 다르고. 그리고 이제 학생도 자기가 나한테 할 말 있으면 노크하고 와서 이제 또 얘기하고.
자기가 필요하면... 그니까 서로 이제 무슨 말을 해야 되면 나도 방에 있으니까, 주로 방에서 많이 해요. 내가 주로 방에 많이 있으니까 이제 문 열고 하고.

지금도 잠깐 잠깐 '밤에는 일찍 들어와서 자기 집에서 자야 되고 일

찍 들어오라'고 가끔은 해요. 학생도 역시 그런 거를 불편하게 느끼면 안하는데 싫어하지는 않아요.

학생하고. 주로 어떤 얘기를 하세요?

tv 얘기는 우리는 안해요. 이제 뭐, '지금 중간시험이지?', '레포트 쓰지?' 뭐 그런거, '레포트 쓰느라고 힘들지 않냐' 고 중간시험이라 힘들고, 기말시험 힘들고. 그니까 학생이 그렇잖아요. 중간 시험 레포트 부터 입학하고 나면 그게 시험이잖아요. 또 그러고 나면 또 기말 오잖아요. 그러니까 뭐 바쁘죠. 그런데다 붙잡고 뭐를 해요. 내가 컴퓨터 인터넷을, 다른 것은 할 줄 알아도 방송 그걸 잘 못 봐요. 좀 물어보고 싶어도 바쁘니까. 그냥 그거 시간 뺐는게 저기해서 말아 버려요.

전화하기

처음에는 안 들어올 때 '저 할머니 오늘 못 들어가요' 전화했는데 수시로.

나도 또 처음에 매일 문자를 '어디 있냐' 고 보내요 간단하게... 걱정이 되서 했는데, 어떻게 보면 제가 자꾸 그러는게 간섭인 거 같아서, 젊은 사람한테. 우리 학생이 또 그거를 불편하게 느 끼면 그것도 불편한 거예요.

그래서 이제는 젊은 사람들 저기 잖아요. 자꾸 뭐라고 하면은... 그래서 그냥 놔둬요, 가만히 놔둬요.

인사하기

인사만 서로, 내가 기도할 때 오면 '학생 왔어?' 하고 서로 또 자기가 하고 이제 그렇지.

내가 기도하고 오는데 내가 '왔어' 하면 '예' 하고, 오고 나갈 때 학생도 '다녀오겠습니다' 하고 나도 '좋은 하루 되세요' 서로 그러고 지내요.

조금 약간 언제 들어올까 하고 신경이 쓰이니까, 근데 나는 신경이 쓰여도 늦게까지 좀 안자니까, 들어오면은 '들어왔어, 학생' 하고 그냥 말어요. 그러면 걔도 또 '예, 할머니' 아무튼 애가 좋아요. 싹싹해요.

식사하기

식사는 한번도 같이 안 했어요.

왜냐면은 나 혼자... 식구, 가족이 있는 집은 자기가 먹을 거를 만들면서 학생하고도 나눠먹기도 하는데, 나는 내가 간단하게 그냥 먹

다 보니까 뭐를 챙겨서 그거를 못하니까. 그러고 무슨 날은 있을 때는 노나 먹고 싶은데도 학생이 안 들어오니까 그런 날은 같이 못 먹고,

그니까 이제 과일만 좀 먹으라고, 자주 주는게 아니고~ 가끔, 이제 사과 같은거 그런 거는 이제 먹으라고 주는데, 다른 거는 음식을 밥은 같이 안 먹었어요.

그니까 나는 그거 괜히 자기도 바쁜데 젊은 사람 시간 뺐으면 그러잖아.

청소하기

학생이 거실 청소를 해요.

착하다니까요. 이제 여름에 나는 바깥으로 한참 다녀, 문 열고 다니니까 이제 그러잖아요. 그러면 그것도 내 걸레 쓰는 게 아니라 자기걸레로 다~ 해가지고 전부해서 빨아놓고. 이제 집에 있는, 아무튼 청소는 잘하는 애예요.

집에만 있으면. 화장실 청소도 해요. 어떤 사람은 자기 쓴 것도 계속 안 하는 사람도 있거든요. 근데 잘해요 깨끗하게.

자기 쓴 거, 머리카락 이렇게 해놓지 않아요. 자기 거는 자기가 하는데 언제나 깨끗하게 처리해 놔요.

깔끔해요. 그리고 물도 많이 쓰지 않고, 아무튼 그렇게 낭비한 그런 것도 없어요.

빨래 정리

학생방에 다가 챙겨서 그냥 바나나 같은 거 조금 있으면. 왜냐면은 학생도 바쁜데 둘이 괜히 내가... 자꾸 시간을 뺐잖아요.

학생 방은 안 들어가는데, 예를 들면 빨래를 이제 해놓으면.. 오늘 같은 건 개서 갖다 넣어 놔요. 그렇게는 학생 방에 들어가요.

쓰레기 처리

쓰레기 배출은 이제 여기다가 갖다 내놓고 간다고 하는데, 학생이 자기거 분리를 해 놔요.
왜냐면은 가는 길이 학생은 이쪽 이고 쓰레기 배출은 저쪽이라 그냥 여기다만 내놓으면 내가 배출해요.

운동

우리 학생보고, 학생도 운동을 하라고. 내가 하는 운동을 그 방에 가서 가르쳐 줬어요. 아니 가르쳐 준다기보단, 나는 이렇게 이렇게 운동을 하는데 학생도 운동을 하라고. 나는 이제 집에서 하니깐 학생도 집에서 하라고. 시간이 없어서 못해.

어르신 집에서 학생과 함께 사용하는 물건이나 장소 있습니까?

부엌, 냉장고

부엌도 이제 밥도 해먹고.
밥을 해 먹으라고 냉장고도 우측을 쓰라고 하고 내가 했는데, 바빠서 안 해 먹어~
처음에는 자기 집에서 갔다가 올 때 부모가 해준 반찬 가져온게, 지금 밥을 안 해 먹어서 아직 있어요. 학생이 버리자고 하니까. 날짜가 유효기간이 지나니까. 이제 또 그런 거는 잘 챙기잖아요. 젊은 사람들은. 그러니까 버려지는데, 6월 언제까진가 그랬어요. 그니까 그 정도 되면은 안 버려도 되거든요. 그래서 그거 내가 다 먹어 버렸어요. 천상 걔는 버리자고 하니까.

밥 그릇, 수저는 학생이 가져오고 학생 거는, 지금 이렇게... 학생꺼.
수세미, 이거는 학생거, 이거는 내거.
세제는 내거 쓰지 뭐. 그런 거는 관계없이.

다용도실, 세탁기

다용도실의 세탁기도 쓰고 다 쓰는 거죠.
세탁기도 같이 쓰고, 밤에 와서 늦게 해도 나 그런거 뭐라고 않고.

현관, 신발장, 방 열쇠

현관문 열쇠를 줘요. 전자칩 그거. 열쇠 하나, 방 열쇠하고 줬는데.
근데 이 학생은 방문을 안 잠그고 다녀요. 저도 안 잠그고 다니고. 저는 안 잠궈도 다른 사람은 또 잠글 수도 있는데, 아무튼 나는 그냥 안 잠그고... 근데 이 학생 역시 안 잠그고 그냥 둘다 서로...

신발장도 같이 사용하고, 아래는 내꺼, 위에는 학생.

화장실

욕실은 이제 수납장 웃칸은 키가 크니까 자기 쓰고, 나는 아래 칸 쓴 다고 했는데, 나는 왜냐면은 별로 쓰는 게 없어서 학생이 다 써요.

세면대는, 나는 세숫대야를 쓰고 학생은 세면대를 써요.

학생하고 같이 홈셰어 생활 하다보니까 어떤 점이 좋으신 거 같으세요?

아무튼 얘가 좋아요. 싹싹해요.

경제적인 면도 있고, 또 이제 사후에 그런 것도 있고, 서로 그래도 사람이 살면서 '왔어?' 하고 얼굴 보고, 소통 관계도 그렇고 서로 사람 사는 게 공유 할 수 있어서 그래서 나는 괜찮다고 생각해요.

어쩔 때는 학생이 바쁜데, 여기 앞에 나 혼자 좋아하는 것 보다는 화분의 은행잎이 나온 것 보고 '학생 이리 와서 이것 좀 보라'고. 같이 공감하면 좋고. 나 혼자만 보기가 너무 아까워서 그러니까 그냥... 그러면 '아니오' 하지 않고 또 와서 봐요.

홈셰어 계약

1년 계약이에요. 그거는 우리가 뭐, 구청에서 그렇게 1년 계약으로.

계약이 끝나면 계속 홈셰어 하시겠어요?

이 학생 그대로 괜찮아요. 뭐 그니까 학생 맘이지. 학생이 '더 살고 싶다' 하면은 더 하는 거고 그렇지 않으면 '불편하다' 고 하면 안하는 거고. 그건 학생 맘이지.

계약서에 저기를 해놨어요.
아참, 계약서에는 확실히는 안 했는데 계약할 때 내가 만약에, 시신기증을 했기 때문에 만약에 인기척이 없으면 조금 열어봐서, 얼른 거기다가 연락을 좀 해주면. 그거는 제가 부탁을 해요.

구청에 요구하신 것이 있습 니까?

구청에서 이것도... 이제 내가 여기를 안했거든요. 도배를. 근데 이것도 해주고 여기 도배도 해주고. 구청에서 학생방과 거실.
그리고 선반도 매줬어요. 창고 선반도 매주고 이것도, 인터폰도 달아주고.

홈셰어 입주자의 선호 조건 있습니까?

그니까 저는 사람을 이것저것 따지지는 않아요. 사람은 이제 어쨌든 남인데 다~ 남이잖아요.
근데 그거는 내가 맞춰야지 그 사람보고 나를 맞추라고 하면 아무 소용이 없어요. 그러는데 아무튼 들어 오면은 다 잘 와요.

성별은 ?

저는 여학생을 원하죠. 아무래도 여

자니까, 여자가 들어와야죠.

금연, 흡연 상관없나요?

담배는 내 집에서만 안 피운다면, 뭐 시대가 그러니까 어쩔 수 없죠. 제가 그거까지 뭐라고 할 수는 없잖아요.

구청에서 홈셰어 설명과 사업 어떻게 생각하세요?

저는 하나 어려운 게 없었어요. 일단 구청이니까 또, 믿잖아요. 어찌됐든 간에. 내가 볼 때는 그래도 공무원, 구청에서 하는 거니까. 그니까 그냥 보증금 없이 그렇게 한 거예요.

구청에서 해주는 이런 홈셰어는 만족해요.
저는 나만이 아니라 학생들도 고시텔에서 혼자이니까, 이렇게 그냥 서로 믿고 하는거,
노인도 학생도 서로 양쪽이, 이런 것이 서로 좋다고 생각해요. 학생이 불편할지는 모르는데, 학생도 역시 뭐 서로가 괜찮을 거 같아요.

현재는 구청에서도 잘하고 있어요. 구청에서 전화도 오고. 그렇게 그냥 나 몰라라고 있지 않아요 구청에서.

학생에 대한 어르신의 생각, 배려

학생한테 인터넷 들어가서 사용 하는 방법을 물어보고 싶은데, 얘가 바빠서 시간이 없잖아요.
그렇다고 학생은 절대 안 해준다고는 안해요.

운동하는 거를 좀 들어가서 다시 보고, 하고도 있는데 그걸 물어볼라면 시간이 걸리잖아요. 인터넷 들어가니까. 그래서 그냥 아예 안해.
내가 참아버려요.

학생이 시간이 있으면 그렇죠. 어떤 때는 좀 아쉽죠. 어쩌다가 이제 인터넷은 나도 다른건 들어가는데 텔레비전 그게, 어떤 때는 잘 안되요. 세놓을 때, 내가 레포트를, 교육학과는 이제 다 끝났고 사회복지, 레포트를 쓰는데, 영화를 보는게 나왔어요. 구청직원이 와서 뽑아줘서 보고 레포트 써서 냈어요.

아쉬운 점도 있는데, 그냥 이제 내가 다른 사람한테 물어봐서 충전을 하거나, 카트리지 충전을 해서 써요.

학생 방 문이 안 닫혀 있어도 들어가지 않아요. 전기 불을 켜놓고 갔는지 아닌지 확인은 안 해요. 그거는 서로 조심해야 되잖아요.

홈셰어 계약 할 때 도움 받는 내용 없었나요?

그런거 있는데, 학생이 봉사 그런게 있긴 있어요. 근데 우선 학생이 바쁘잖아요. 학생 생각을 해봐요. 입학하면 중간시험 보는 거 해야 되잖아요. 기말시험 봐야지. 그니까 저도 바쁜데 거기다, 그리고 요새는 학생들이 또 동아리도 해야 되잖아요.

그니까 진짜 바빠요 학생들은. 저는 제가... 공부를 하고 있다 보 니... 그래서 학생이기 때문에, 그 정도는... 이해해요. 저는 같이 식사같은 거 안 해도 서로 의사소통 하고 싶은거 하고, 눈치 있고 그런 건 없어요. 그런 건 굳이 조항에 안 넣어도 된다고 봐요. 왜냐면 지금 젊은 사람들이 자기 시간이 바쁘잖아요. 근데 그거를 어떻게, 그거는 아니라고 저는...

Mapo

마포구 성산동 S 오피스텔

대학생 : 여, 21세

서울소재 대학 진학으로 부모님 집 인천에서 통학하기 어려워 홈셰어를 시작하였다. 현재 계속 재계약을 하면서 어르신과 공유생활을 하고 있다.

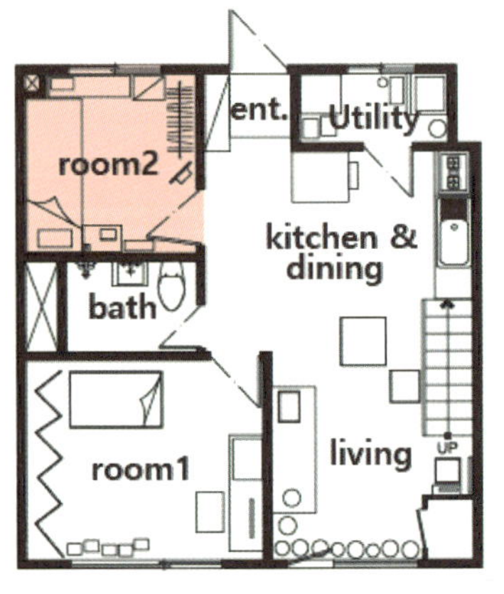

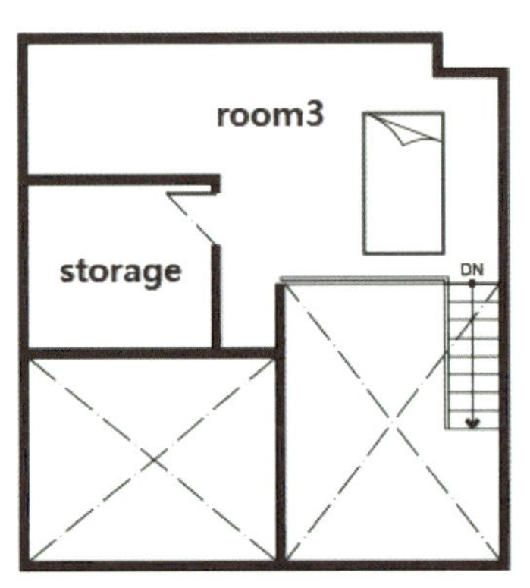

청년방
주거평면

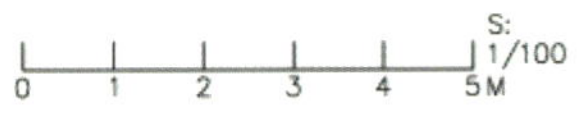

학교생활, 하루 일과를 이야기 해 주세요.

9시, 10시쯤에 나가서 한 10시, 11시쯤에 들어오는 편이에요.

거의 학교생활하는 것 같아요.

뭐 수업 듣거나 아니면 친구들이랑 놀거나.

동아리는 작년에 진짜 많이 했는데, 너무 힘든거예요. 작년에 한 세 개를 했어요. 너무 힘든거예요. 그래서 이번엔 '안 해야지' 하고 지금은 다 안하고 있어요.

알바도 하고... 일주일에 이틀정도 했었는데 이번학기는 좀 공부를 하려고 일주일에 지금 한번만 하고 있어요.

'한지붕 세대공감' 홈셰어는 어떻게 알게 되었습니까?

룸셰어링 처음에 알게 된게 인터넷, 대학교 홈페이지에서 공고가 올라와서 알게 됐는데,

취지도 되게 좋고 제가 막 그렇다고 해서 되게 낯가리거나 그런 건 아니어서 하게 됐는데...

'한지붕 세대공감' 홈셰어를 하게 된 동기는 무엇입니까?

1학년 1학기 때는 이제 집에서 통근, 아, 통학을 했었는데 이제 시간이 너무 오래 걸리고 힘들어가지고 방을 알아보고 있었는데, 홍대 부근이 워낙 집이 비싸가지고 그래서 어떡하지 하다가 마침 본 거거든요.

아무래도 가격 때문이었던 것 같아요. 그리고, 학교와의 거리였던 것 같아요.

기숙사는 저희 학교가 지금은 이제 새로 기숙사가 지어졌어요. 제 2기숙사가. 그전에 있던 기숙사가 너무 오래돼서 너무 평이 다 안 좋더라고요.

그래가지고 아, '이것보다는 통학하는 게 나을 거 같다'.

그래서 그거 기숙사는 안 살고. 네, 그랬었어요.

어르신과 대화 또는 교류 생활 하세요?

얘기도 많이 하고 하니까. 할머니랑 교류하고 있다 생각해요.

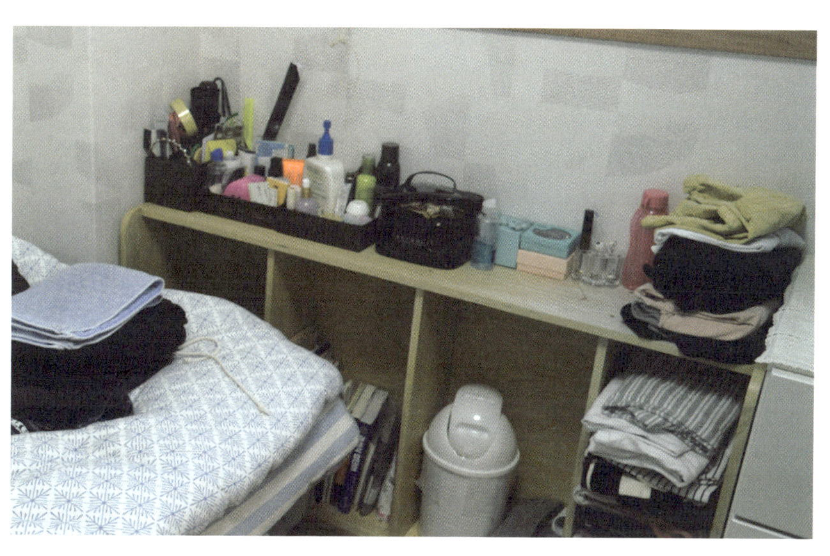

대화

할머니가 되게 잘 해주셔가지고. 말을 막, 가끔 대화도 나누고 하는데 터치하거나 그러진 않으세요. 저에 대해서. 근데 이제 가끔 뭐 질문 같은거 하세요. 모르는 거 있으면. 저한테 가끔 질문하시면 저는 되게 익숙한건데 컴퓨터 그런 거를.

로션 그런걸 질문하세요. 이게 뭐냐고. 종류가 되게 많으니까 순서가 어떻게 바르는 거 물어 보시거나 그러세요. 저는 당연히 쉬운, 저에게 쉬운 질문이니까 대답해 드리는데, 그런거 보면 '아, 할머니들한테는 이런게 어려울 수도 있겠구나.' 그런거 되게 물으실 때마다 그런 생각이 들어요.

어르신이 얘기할 때 진짜 그냥 일상적인 거. 제가 하는 거에 대해서 제가 뭐 운동 같은 거 하고 있으면은 이거 뭐냐고 물어보시고... '운동하는 거냐?' 하면 '네, 제가 운동하는 거예요' 이러면 이제 자기도 운동하는 거 있다고 차근차근 다 이제 설명을 해 주세요.

직접 시범도 보여주시고 그래서 '아~ 그러시냐' 고 하면서 처음엔 막 봐요.

이게 너무 길어지니까 나중엔 힘들어서. 그래도 들어 드리긴 하는데, 아무튼 그런 일상적인 그런 거를 주로 대화를 해요.

할머니가 어디 갔다 온 거는 얘기하세요. 이제 제가 오면 바빠가지

고 오랜만에 할머니랑 대화하면은 이제 할머니도 '자기도 되게 바빴었다'고, '자기도 어제까지만 해도 어디 갔다 왔었다' 고.
이런거 말하시거나, 아니면 '오늘 잠깐 산에 뭐 캐러 갔었다' 고 그런 거 말씀 하세요.

주로 할머니하고 이야기는 저녁에 하는거 같아요. 낮엔 저도 학교 가느라, 준비하느라 정신이 없어서 거의 갔다 와서 저녁에 하는 편이에요

거의 제가 들어와서 짐 같은걸 놓으니까 여기 들어가요. 그래서 할머니가, 그냥 인사할 때도 있고 대화하면은 거의 여기서 서서, 거의 붙잡혀서 바로 할 때도 있고. 그럼 제가 '할머니 잠깐 가방 좀 내려 놓을게요' 이러고 가방 내려놓고. 이제 거의 할머니가 제방에 와서 말씀하시는 편이 많아요.
아니면 할머니가 절 부르실 땐 이제 할머니 방에서 할 때도 있고.

저한테 갑자기 말하고 싶어서 말하는 게 아니라 그냥 이렇게, 듣다 보면 저한테도 필요한, 도움이 되는 말이고 이러니까. 그래서 힘들긴 하지만 그렇게 막 나쁘고, 기분이 나쁘거나 그러진 않아요.

문자하기

만약에 연락, 직접만나서 말을 못했다 그러면은 '집에 갔다 오겠습니다' 말하거나 그래요. 제가 문자를 남기거나 그래요.

인사

아침에 나갈 때 '저 다녀올게요' , 돌아와서도 '할머니 저 왔어요' 이렇게 해요.

과제 도움받기

거의 할머니가 공부를 맨날 하고 계세요. 그래서 제가 막 '과제 하냐?' 하면 다 알아 주세요.
'지금 과제 기간이지?', '이제 시험 기간이지?' 다 아세요.
그래서 '요즘 시험기간이라 많이 힘들지' 다 아시고 말씀하세요.
그래서 거의 학업 얘기 많이 하거나. 이제 과제하고 있거나 이러면은... '어떤 과제 하느냐?' 할머니가 물으시고.

혹시 과제도 도와주세요?

제가 몇 번 도움을 청한 적은 있어요.
할머니가 교육학과 전공이라서...
그래서 제가 하고 있으면 다 아세요. 다 이미 배우셨던 거라고. 그래서 제가 과제 있거나 할 때 저도 뭐에 대해서 조사하거나 이럴 때 할머 니한테 물어보거나 그럴 때가 있 어요.
내용이 교육과 관련된, 예를들면 몇 년대의 교육사라면 어떤 시대의 교육에 대해 알아오는 그런 과제가 있었어요. 그럼 할머니가 저보다는 앞 세대니까 할머니를 인터뷰를 했었어요. 제가 그 시대는 교육이 어땠는지 그런 거 물어보는 과제를 할머니한테 도움 받아서 했었고.
할 땐 되게 열심히 하세요. 할머니가 되게 바쁘셔가지고 시간 맞추는 것만 조금 어려웠고 막상 할 땐 되게 괜찮았어요.
책 같은 거 제가 갖고 다니거나 이

러면 '책을 다 모아두면 좋다. 나중에 많이 쓰인다' 조언을 해주시고 이러세요

식사하기

요리는 제가 잘 안 해가지고.
근데 할머니가 제가 막, 그리고 제가 노인, 할머니랑 같이 살면서 되게 먹는 걸 소중히 하시는 거예요. 저는 하루정도 안 먹고 싶으면 안 먹고 이러는데, 할머니는 '왜 학생은 밥을 그렇게 맨날 안 먹냐고 그래서 뭐 좀 먹으라고' 하면서 맨날 갖다 주세요.
그러면 이제 그런거 좀 먹고, 그리고 저도 뭐 있으면 갖다 드리고, 이런건 해요.
밥먹고 계시면 '밥먹자~' 그러진 않으시는데, 하다가 주긴 하세요.
만들어 놓은거 있으면, 방으로 갖다 주세요. 먹으라고.
저녁은 먹고 들어오거나 아니면 안 먹고 들어와선 그냥 뭐 그냥 안 먹거나 그래요. 아니면 사 가지고 와서 먹거나.
어머니는 안 먹으면 뭐라 하시진 않으시는데.

할머니는 한 끼라도 안 먹으면 막 죽을 것처럼 되게 걱정 하세요.

청소하기

청소는 할머니가 하실 때도 있고, 제가 할 때도 있고, 그냥 보이면 그냥 하는 편이에요.
근데 이게 막 더럽다 느끼면 제가 해서.
그래서 거실 같은 것도 제가 '좀 먼지가 쌓인 거 같다' 이러면 하고 기간이 정해져 있진 않아요.

화장실 청소도 하고.

어르신과 함께 사용하는 물건이나 장소 있습니까?

할머니 방이랑 제 방을 제외한 나머진 다... 공유하는 거 같아요.

부엌용품

냉장고는 거의 물 꺼내먹거나 그러

지 않는 이상 잘 안 써가지고...
밥통은 할머니가 그 조그만 밥솥, '학생 사용하고 싶으면 사용하라'고 주셨어요. 저한테.
전기밥솥이요. '이거 쓰면 된다'고 그래서 거기 부엌 옆에 보면 있어요.

세탁기

할머니가 그렇게 자주 빨지 않으세요. 근데 저는 뭔가 빨래짐이 많이 나와요. 그래서 제가, 빨래 바구니가 세탁실 있어요. 거기 꽉 차면은 제꺼 빨래해서 널고 이러는 편이에요.

화장실 용품

휴지는 이제, 방에 놔두는데. 화장실에서 쓰는 휴지거나 이러면은 만약에 제가 봤을 때 떨어져 있으면 제가 채우고. 맨 처음에 살 때 갖고 와서 그냥 제가 채워야 될 것 같으면 제가 채우고, 할머니가 봤을 때 할머니가 다 떨어진 거 봤으면 할머니가 채우고.

방 열쇠

열쇠를 할머니가 주시긴 하셨어요. 방 열쇠를. '학생이 뭐 불편하면 잠가도 된다' 이랬는데, 저는 굳이 잠글 필요가 없다고 생각해서. 받긴 받았는데 그냥 가지고만 있어요.

현관열쇠

대면은 열리는 전자키, 할머니가 주셔가지고.

신발장

신발장은 같이 쓰고, 위 칸이 제 신발.

쓰레기 정리

쓰레기는 제가 제방에서 거의 쓰레기를 버려가지고, 쓰레기는 제가 따로 버리는 편이에요. 쓰레기통에... 음식물 쓰레기는 나올 일이 없어가지고 제가.
그래서 일반 쓰레기만 나와요. 그럼 제 방에 휴지통이 있으니까 거기다 제가 버려요. 그래서 종량제 봉투는 제일 조그만 크기 사 가지고. 그거 꽉 차면 갖다 버리고 그래요.

거실

그렇게 많이 나오진 않는데 아무래도 제가 집에 있는 시간이 그렇게 길진 않으니까. 그래서 거의 잠깐 이렇게 거실 돌아다니거나 그럴 때 아니거나 아님, 빨래 널거나..

복층 2층

할머니가 나머지 공간은 다 그냥 너 사용하고 싶으면 사용하라고 하는데, 2층이 낮잖아요. 그래서 별로 올라갈 일이 없더라고요. 생각보다. 그래서 거의 거실... 2층은 뭐 짐 올려놓거나 그런거 말고는 잘 안 올라가고. 2층에 짐 몇 개 좀 올려놨어요.

학생이 가져온 물건은 무엇인가요?

학생방 용품

맨 처음에 책상이랑 옷, 그건 제가 가져왔고. 근데 이제 너무 서랍장이 없는 거예요. 그래서 이제 집에 안 쓰는 서랍장이 있어서 그거 아빠가 갖다 주셔가지고 그것도 있고 그래요.

이불 등 침구류 가져왔고.

부엌용품, 식재료

주방가구는 이제 엄마가 막 챙겨 주셨는데 접시랑 후라이팬이랑 다 챙겨주시긴 하셨어요. 근데 제가 잘 사용을 안 해가지고 그냥 창고에 그냥 있긴 해요.

컵이나 숟가락 그런 것도 다 있어요.

찬장에 할머니가 '여기 놔두면 된다' 해서 거기 있긴 한데 사용을 안 해서... 컵은 제 것으로 사용하고.

쌀, 가져 왔어요. 근데 어떻게 처리해야 될지 모르겠어요. 엄마가 되게 많이 줬는데 ... 안 해 먹으니.

세탁용품

빨래할 때 세탁제, 세재는 따로 따로 써요.

화장실 용품

세면도구는 제거 따로 써요.

홈셰어를 하시면서 어렵거나 불편한 것이 있을까요?

불편한건 이제 제가 학교생활하고 피곤해서 오는데, 가끔 올 때가 있잖아요. 할머니가 그냥 또 말을 거실 때가 있는데 피곤한 데, 할머니니까 제지를 할 수가 없잖아요. 그래

서 계속 들어 주다 보면 시간이 훌쩍 지나요.
저희 할머니가 또 이제 말이 많은 편이셔 가지고.

제방에 밖 쪽으로 창문이 있는데... 이제 환기 때문에 제가 문 여는 걸 좋아해요. 거기가 바람 도 진짜 잘 들어와요. 그래서 문을 열어 놓으면 되게 시원해요 그래서 많이 열어놔요. 맨날 제가 문을 열어놔요. 그러면 '학생이 또 문 열었냐' 이럴 정도로 문을 많이 열어요. 그래서 아침에도 문 열고 막 오자마자 문 열고 이러는데, 밤에는 별로 안 그러는데 아침에 주민들이 거기를 왔다 갔다 할 때가 있어요. 이제 왔다 갔다 할 때 저도 준비하고 옷 갈아 입기도 하고 그래야 되니까 그래서 문을 열긴 하는데 커튼을 좀 내려놓고 이래요. 그건 좀 불편해요.

홈셰어를 하시면서 만족스러웠던 점은?

할머니가 활동을 되게 많이 하세요. 진짜 바쁘세요. 맨날 공부하고 계시고... 그래서 가끔은 저보다 더 공부를 많이 하시는 거 같기도 하고. 그런 생각도 들어요.
그런거... 저희 할머니한테만 그런 것 일 수도 있는데, 보면서 배울게 많아요. 그런 것도 좋은 점이에요.

할머니도 처음에 이제 대화했는데 되게 쿨 하시더라고요. 그래가지고, 생각보다 되게 젊으셨어요. 제가 생각했던 것보다는. 그리고 정정하시고, 그래서 참 괜찮았어요. 그리고 처음에 할머니가 쿨하셔 가지고 거의 그냥 '학생 집처럼 편하게 사용해라.' 그려셔서 괜찮았어요.
할머니가 관여하시는 게 거의 없으셔서. 만약에 10점 만점에 치면 한 2점 정도? 그 정도 밖에 관여를 안 하셔서... 편해요.
먹는거나 아니면 추울까봐 걱정하시거나 그런 것도 되게 많이, 진짜 엄마처럼 많이 걱정해주세요. 막 겨울에도 '춥지 않냐' 고 보일러 같은거 땔 때도 추우면 말하라고 말씀하시고. 혹시 이불 같은거 부족하지 않냐 이러면은 이불 같은 거도 갖다 주실 때도 있으시고.

빨래도 제가 다 널잖아요. 이제 그걸 빨리해서 개야 되는데 계속 정신 없다보면 며칠 놔둘 때가 있어요. 그러면 이제 개서 갖다 주시기도 하세요. 엄마같이 잘 챙겨주셔서 그런거 되게 좋은거 같아요.

그리고 위치가 되게 좋아요. 살면 살수록 느끼는 건데 거기가 되게 홍대랑 가까운데 살짝 벗어나 있는 거잖아요. 주거지여서 근처가. 그리고 옆에 운동 하는데도 있고, 하천 같은 거 거기 있어가지고.

그래서 생활하기가 되게 좋은 거 같아요. 살아보니까 저는 생각보다 편안한 게... 편안함인 것 같아요. 집에 있는 편안함이나 아니면 학교에서 편안함이나 다 통틀어서 편안한게 생각보다 좋은 거 같아요. 저는 제방에 있거나 있을 때 되게 편안하게 잘 있어요.
부모님 집에서는 저 혼자 방이 없었어 가지고... 처음으로 방이 생긴 거라서 처음에 되게 좋았어요...

Mapo

홈셰어 공유생활에서 개선해야 한다고 생각하는 점이 있다면?

뭔가 할머니는 항상 저한테 많이 챙겨주신다고 했잖아요. 저는 그렇게 많이 못한 거 같아서 그래서 제가 할머니한테 도움 받은 거에 비해서 저는 별로 그렇지 않은 거 같아서. 그래서 저도 좀 할머니한테 더 관심을 기울여야 된다고 생각해요.

할머니가 저한테 왔을 때 제일 딱 하나 부탁했던 것이 있어요. 아침에 나갈 때나 돌아왔을 때 본인이 잘 있는지 확인만 해 달라고. 그거 하나만 딱 부탁하셨거든요. 그거 말고는 부탁한 게 없으세요. 근데 그걸 이제 저도 가끔 까먹을 때도 있고 이래요. 그래서 그런 거 못한 거 생각하면, 할머니한테 좀 더 저도 관심을 기울여야 되겠다.

홈셰어 계약

우선은 전화를 해봤어요. 공고, 홈페이지에 절차가 쓰여 있었어요. 우선은 제가 자세히 몰라가지고 전화를 했는데 거기서 그게 제가 신청을 한다고 되는게 아니래요. 그게 할머니나 노인분들이 신청이 들어와서 그게 있어야지 제가 가능 한 거라고. 근데 그때 마침 한 곳이 있었어요. 지금 할머니 집이.

근데 제가 차례가 두 번째였어요. 첫 번째 학생이 아직 생각중이라 그래서, 이제 안 되면은 저한테 연락을 주겠다고 해가지고 기다리고 있었는데.

한달에 25만원이거든요? 근데 그게 일반보다는 살짝 높은 편이래요. 그래서 이제 그 학생이 안한다고 하고 저는 한다고 그래가지고, 이제 저한테 넘어왔어요. 그래서 이제 직접, '넘어왔는데 어떻게 할 거냐?' 그래서 제가 '하겠다' 전화로 말씀드리고 날짜를 정해서 계약 그런 걸 쓰러 가야 된다고.

우선은 날짜를 정해서 할머니 집에 가서 먼저 보고, 생각할 시간을 준 다음에 결정이 되면은 마포구청에 와서 서류 작성하고 그랬어요.

구청에서 홈셰어 사업에 대하여 전화로도 설명하고 거기 가서도 간단하게 설명을 듣긴 했는데 뭐, 그렇게 길게 설명하진 않으시고 그냥 간단하게 설명 하셨어요. 이런 취지에서 할머니나 노인이 셰어해서 그런 거다.

그리고 이제 제가 공고 봤을 때도 거기 자세하게 써 있어서, 간단하게 설명해 주셨어요. 이해하기 쉬웠고 어렵진 않았어 요.

근데 할머니에 대한 설명은 아예 없어가지고, 그게 아마 설명보다는 직접 할머니를 만나서 방, 집 볼 때 그때 대화를 나누니까 그걸로 대신하는 거 같아요. 대화 20분 정도 나눴던 거 같아요. 거의 '만약에 생활하게 된다면 이런 거는, 여기는 자유롭게 써도 되고' 생활에 대한... 생활규칙 같은거 그런 거에 대해서 말씀하셨어요.

구청에 요구할 사항이 있습니까?

그렇게 바라는 건 없어요. 왜냐면 할머니가 원하시는 거 있어서 구청에서 나오면 되게 빨리빨리 해 주셔서 처리를. 제가 항상 뭐 몇 달에 한 번씩 잘하고 있는지 점검 같은 거 와요. 그런거 할 때 저랑 할머니랑 시간, 약속 조율이 안되서 오히려 제가 미안할 정도. 그런거 말고는 없어요.

세입자랑 아무튼 그 노인분들이랑 학생사이에 처음에 계약을 하기 전에 좀 더 많은 교류 이런 게 있었으면... 왜냐면, 그래도 같이 사는 건데 저 같은 경우는 잘 맞아서 다행인 경우인데, 만약에 잘 안 맞으면 이미 계약 같은 거 다 했으니까 힘들거 같아요... 아까 설명 절차 봤듯이 되게 간결해요 그 단계가. 그래서 그걸 좀 더 알아보고 그런 구체적인 절차가 있었으면 좋겠어요.

홈셰어 사업을 설명한다면 어떻게 이야기 하겠습니까?

노인분들과 청년들이 같이 사는 주거공간을 서로 공유하는 그런 제도인데, 노인분들에게는 청년들과 같이 삶으로써 같이 생활에 대화도 나누고 활력소도 되는 그런 것도 좋고, 청년들에게는 주거 난 그런 것도 해소 시켜주고 둘이 살면서 어려움도 없는 그런 제도 같다고 생각할 것 같아요.

홈셰어 어르신 또는 주거 환경의 선호 조건 있습니까?

성별은?

그래도 여성이 좋을 거 같아요. 그리고 혼자 사시는 독거 어르신이 더 나을 거 같아요.

나이는?

연세는 상관없을 거 같아요.

성격이나 이런 것은?

제가 웬만하면 다 괜찮아가지고 트러블이 없는 편이어서... 너무 심하지 않은 이상 제가 뭐 괜찮아서. 성격은 괜찮을 거 같아요.

금연, 흡연 상관없나요?

금연자가 좋아요.

교통과 선호 주택유형은?

아무래도 학교랑 통학하기 가까운... 선호하는 주택은 딱히 없어요.

부모님은 홈셰어 하는 것을 알 고 계십니까?

부모님도 되게 괜찮은거 같다고 긍정적으로 반응하셨어요.
아무래도 할머니랑 같이 사니까, 딸이다 보니까 혼자 자취하는 것 보다는... 만약에 혼자 자취한다고 그랬으면 아무래도 딸이 혼자 사는 그런게 위험할까 봐, 허락을 안 해 주셨을 거 같은데, 할머니랑 같이 사니까 안심이 된 거 같아요. 그 부분이 제일. 그래서 되게 쉽게 허락해 주신 거 같아요.
제가 신청하기 전에 말씀드리고, '괜찮은거 같다. 한번 알아보라' 고 하셔서...

그때 같이 방 보러갈 때도 오셨고, 그 외에도 짐 같은거 놓거나 가끔 이제 들릴 때 몇 번 오셨어요. 할머니랑 이야기도 하고.

홈셰어 생활 후 달라진 점은 무엇입니까?

노인에 대한 이해도가 조금 높아 진거. 제가 할머니 만나기 전까지는 노인분들이 어떻게 잘 지내는지 몰랐는데, 거의 뭐 마실같은 거 다니시고 그런 느낌이신데, 저희 할머니 보면은 진짜 저랑 거의 별반 다르지 않을 정도로. 그런거 보면서 노인분들의 삶도 그분들한테 되게 바쁘고 충분히 중요하고 이러구나를 생각했거든요. 저는 약간 노인되면 할 거 없어지고 그럴 줄 알았어요. 되게 심심하고. 근데 그게 아니더라고요.

아무래도 뭔가, 여유로워졌다고 해야 하나? 학교와 거리가 진짜 한 30분 정도 걸려요. 여유롭게 나와서 30분 정도 걸려서. 버스 타고요. 마을 버스 타고 가면 15분? 20분이면 도착해요. 되게 가까워요. 그래서 이제 지각을 거의 안했어요. 학교생활도 되게 안정적으로 되고, 그리고 이제 부모님이랑 살 때는 거리가 있다 보니까 좀만 늦어도 이제 빨리 가고 이래야 되잖아요. 근데 이제 그런거에도 제한이 없어져서 좋았고.

집에 갈 때도 좋고 학교 갈 때도 좋고. 그래가지고 아무튼 학교생활면에서 많이 안정적이 된 것 같아요.

친구들한테 홈셰어 권유하세요?

네. 그래서 저도 막 뭐, '자취한다' 이러면은, '나 이제 학교 근처에서 살아' 이러면은 애들이 '어, 뭔데 자취야?' 이러면은 '아니, 나 할머니랑 같이 살아. 룸셰어링' 룸셰어링이라고만 하면 못 알아들으니까 애들이. 그래서 말하면은 '오! 진짜 그거 괜찮다' 이러면은 '어 진짜 괜찮아' 이렇게 말하는 편이에요.

그러면 친구들이 '할머니랑 사는거 불편하지 않아?' '아니 진짜 할머니 좋아서 괜찮아', '아 진짜?' 이러면, '방도 괜찮고' 말하면 애들이 괜찮아 하는거 같아요.

할머니가 관여하시는 게 거의 없으셔서.
만약에 10점 만점에 치면 한 2점 정도?
그 정도 밖에 관여를 안 하셔서... 편해요.

먹는 거나 아니면 추울까봐
걱정하시거나 그런 것도 되게 많이,
진짜 엄마처럼 많이 걱정해주세요.

Seodaemun

서대문구 가좌로 Y 아파트

어르신 : 여, 69세

현 주택에서 25년 이상 거주하면서, 배우자인 할아버지는
35년 전에 돌아가시고 어르신 혼자 2녀1남의 자녀를 교육시켜
모두 분가하고 어르신 나홀로 생활을 하고 있다.
동네 복지관의 홍보물을 보고 직접 구청에 신청하여
2번째 '한지붕 세대공감' 홈셰어를 하고 있다.

어르신방
주거평면

하루 일과 중에서 주로 밖에 많이 나가세요? 아니면, 집에 많이 계시는 생활을 하세요?

밖에 나갈려고, 많이 노력하는데, 지금 몸이 너무 아파 가지고...
지금... 복지관에 도시락 배달하는 거를... 지난 1년하고 올해 했는데, 지금 너무 아파 가지고, 내가 4월달까지 하고 못하겠다고 오늘 말하고 왔어요. 도시락 싸놓은 거를, 혼자 계시는 노인들한테 갖다 주는...
지금은 여기 막 등골이 너무 아프고, 또 이렇게 이쪽에 고관절 수술을 했어요. 허리도 아프고.

그게 인제 내가 자유롭게 운동 삼아 천천히 내 발걸음에 맞춰서 갖다 주고 오고 그러면은 그래도 아쉬운대로 하겠는데, 또 이제부터 구청에서 뭐 법이 바뀌었다 하면서 짝을 맞춰서 같이 다니라 이거에요.
그러니까 근데 빨리 못 다니니까 괜히 옆의 사람한테 눈치 보이고 할 필요 없이... '같이 다니면 못 하겠다' 하고, 4월 달까지 하고 그만 두기로 했어요.

보통 두 집이고, 이제 일주일에 세 번 가는데 두 집 가고 금요일 날은 세 집 가고. 혼자 자유롭게 갖다 주고 왔다 갔다 하면 좋은데, 그걸 짝을 맞춰가지고, 다니라 하니까... 나는 괜히... 내가 또 다리도 수술했지, 등도 아프지 뭐 허리도 아프지.
그래갖고... 또 아프고 힘들어가지고 같이 짝 맞춰 다니라 하면은 난 또 못 다닌다고 그랬지 뭐.

서예를 복지관에서 배워요. 올해로 3년째... 이거는 내가 쓴 게 아니라 선생님이. 선생님이 보고 쓰라고.
이것도 내가 쓴 거야.
선생님 빨간 거를 '그렇게 쓰지 말고 이렇게 써라' 하고 빨간 거를.

고관절 수술하셨는데 이렇게 바닥에 앉으셔도 되세요?

오래 못 앉아 있지. 그니까 엉덩이에 항상 뭘 좀 이렇게 좀 높은걸 받치고 앉지.

내가 뭐, 벼루 이걸 큰 맘 먹고 그때 딸이 용돈을 20만원 주길래 가서, 서예용품을 몽땅 샀어요. 붓하고 벼루하고 뭐 하고 들어와서. 그래서 내 맘속으로 '벼루, 네가 보물 1호다.' 정해놨지.
이렇게 먹 갈아놓고, 심심하면 이제, 이게 뚜껑이 없으니까 물이 금방 마르거든, 뚜껑이 없으니까. 갈아놓고 심심하면 글씨도 쓰고 연습하고 그래. 내 장난감이야.

내가 심심해서~
아프기 전에는 저렇게 뭐 이렇게 만지는 걸 좋아했는데, 지금은...
을지로 가서 심심해서 가서 내가 사가지고 내가 그냥 직접 발랐어(직접 도배)...
응. 심심하니까 막 별짓 다해요...
요새는 아무것도 하기 싫어요.

자녀분은 자주 오세요. 어머니 집에? 어머니가 방 하나 여유 있는거 홈셰어 하는거 알고 있으세요?

(집에) 안와요.
(홈셰어) 알고 있어요.
우리 딸 아들들은 음... 내가 하는데 전혀 간섭 안해요. 아무 간섭 안 해요. 하지 말라 소리도 안하고, 뭐 잘

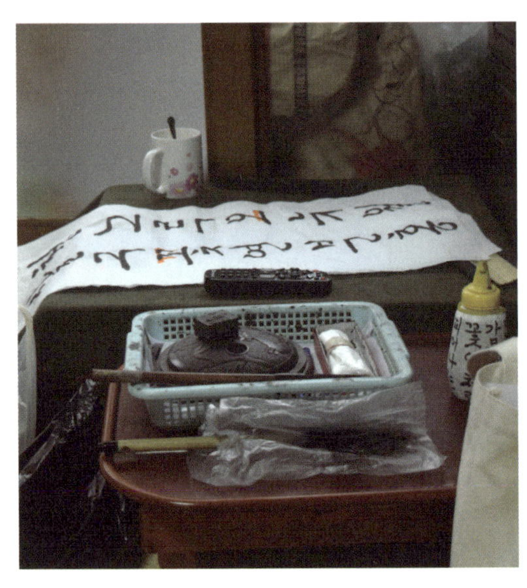

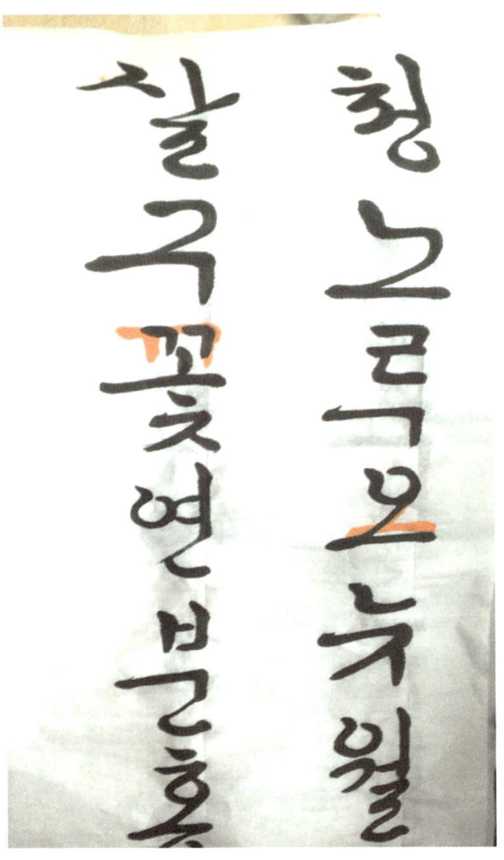

했다 소리도 안하고 아무 말도 안 해.

무관심해. 아니야, 괜찮아. 무관심 하는 게 좋아요.

'한지붕 세대공감' 홈셰어는 어떻게 아셨습니까?

처음에는 복지관 다니면서 그걸 봤어요. 직원이 오는 게 아니고, 복지관에 그거...

어어~ 홍보물 있잖아요. 그걸 내가 봤어. 보고 구청에 신청을 했어요.

'한지붕 세대공감' 홈셰어는 왜 하시려고 생각하셨어요?

첫째는 조금 세금이라도 보탬이 될까 싶어서 그래서 한거지.

그 전에는... 이런 생각을 했어요. 그냥 친구 같은 사람, 친구 같은 사람 좀 마음 맞는 사람 있으면 같이 살면 좋겠다, 그런 생각은 했었는데 이렇게 사람들 다 이렇게 보니까 음...그런 사람은 없더라구. 그냥 또래, 내 또래 같은 사람, 친구 같은 사람, 그런 사람을 생각 그냥 친구 같은 사람, 친구 같은 사람 좀 마음 맞는 사람 있으면 같이 살면 좋겠다, 그런 생각은 했었는데 이렇게 사람들 다 이렇게 보니까 음...그런 사람은 없더라구.

을 해봤는데....

학생하고 같이 '한지붕 세대공감' 홈셰어 생활하다 보니까 좋으신 거 같으세요?

좋은 거는 뭐 그 인자, 일단은 뭐 그래도 조금이라도 경제적인 도움이 된다는 거.

세금 정도는 뭐. 그러고 또 사람이 또 혼자 있다 보니까 같이 있는 게 좋은 거 같고.

학생과 함께 생활하는 이야 기를 해 주세요.

대화

아니. 나도 말 잘 안하고 쟤도 말 잘 안하고. '학교 갔다 오겠습니다.'라던가, 저녁에 딱 들어왔을 때 '다녀왔습니다.'라던가. 그 정도 하면 끝이지.

말을 많이 이렇게 내가 해서 좋을지 안해야 좋을지 그런게 구분이 좀 안가. 그냥, 말 잘 하기 싫은데, 뭐 억지로 그런 말 할게 뭐 있나 싶고. 안하지 뭐. 될 수 있으면, 웬만하면 말 잘 안 해요. 쟤도 말 안하고, 나도 말 안하고.

식사

같이 할 때가 거의 없어요. 오늘 점심 이제 같이하고. 또 학생이 늦게 일어나고, 나는 또 아침에 복지관 가니까.

밥은 어머니가 해주세요?

쟤는 저 집에서 반찬 해 가지고 와요. 해가지고 오고, 밥만 있는 거 먹고. 항상 해 놓죠. 밥은 뭐 아무 때나 뭐 자유롭게 먹게끔.

쌀, 올 때 한통 가져 왔더라구요. 이만한 플라스틱 통에 들은 거 가져 오

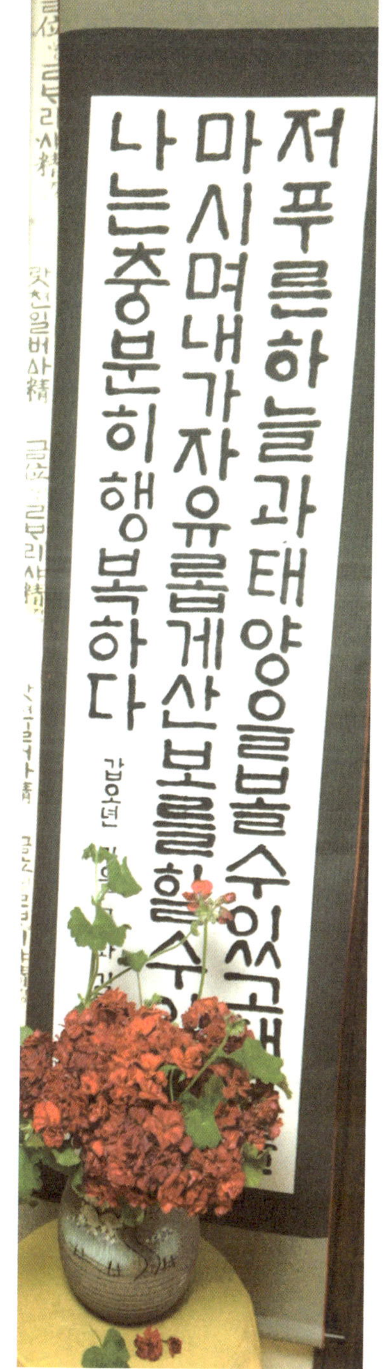

고, 반찬 제 집에서 가져 오고.

설거지도 그냥 '내가 다 할게, 하지마.' 그러고... 설거지도 내가 다 하고.

문 단속

현관에 지금... 도어락인가요? 이 열쇠는 같이 어떻게 나눠서 가 지고 계세요?

네, 나눠서. 학생 들어오고 나면 위에 꺼 내가 잠그죠.

학생이 늦게 들어오면?

잔적은 없어요. 늦게 자요.

생활쓰레기 분리

그냥 나 쓰레기, 내가 모으는데 같다 모아 놓으면 내가 다 처리하고,

화장실 청소

내가 다... 학생은 아무것도 안해.

어르신 집에서 학생과 함께 사용하는 물건이나 장소 있습니까?

세탁기

빨래~ 지 빨래 지가 돌리고, 내 빨래 내가 돌리고. 세제 따로 쓰고. 구청직원이 그렇게 딱 정해주대. 뭐 세재 따로 쓰고. 인자... 생활에 관한 건 거기서 정해서 다 해서 구분을 딱 해 줘요. 처음에.

냉장고, 부엌 도구, 용품 등

그거 어떻게 따로 해요. 그냥 지가 편한 대로 다 쓰고. 그냥 같이 편하게 써요. 지가 뭐 위에 넣고 싶으면 위에 넣고, 밑에 넣고 싶으면 밑에 넣고.

지 반찬은 통에다 저 엄마가 '송이' 라고 딱 써 놨더라고.

같이 밥 먹을 때는 맛이 어떤가 하고 싶어 한번 먹지. 나 혼자 먹을 때는 학생 꺼.. 내가... 안 먹지요

작은방

작은방에... 빨래 잘 말라요. 그쪽 햇빛도 잘 들어오고. 작은방은 또 지가 빨래 해 가지고 갖다 널어 놓고...

식탁, TV, 거실

학생이 처음에 '식탁에서 공부 해도 돼요? 그래 그러라고...

또, 뭐... 가끔은 여기 와서... 앉아서...거실도 같이 보고, 티비도 볼 수도 있고, 여기도 앉아서 이제 소파에서 앉아서 있을 수도 있고...

화장실

샴푸 그건 따로 써요.

화장지도 뭐... 한 번씩 사고...

화장지도 자기가 쓸 거, 어머 니가 쓰실 거?

뭐, 매번 사는 게 아니라 인자 한 번씩. 그건 뭐 학생 엄마가 뭐 처음에 오면서 화장지 큰 거 하나 사오고, 쌀 이만한 통에 한통하고 가져 왔더라고.

신발장

신발장은 어차피 내 신발이, 신발장이 적어 가지고 내 신발이 가득 찼어요. 그래가 어떻게 할 수가 없어 가지고 임시로 내가... 옆에, 만들어 가지고 그렇게 놓고.

저거 만든 것도 어르신이 만드신 거예요?

네.

우산꽂이에도 다 섞여 있는 거예요? 아니면 어르신 물건이에요?

다 섞여있어... 그리고 지가 오래 안 신는 건, 이런 거는 저 가방 밑에 그 박스 안에 신발 세 켤레 들었어. 여기 시커먼 가방 있지. 그 밑에, 신발 세 켤레 들었어.

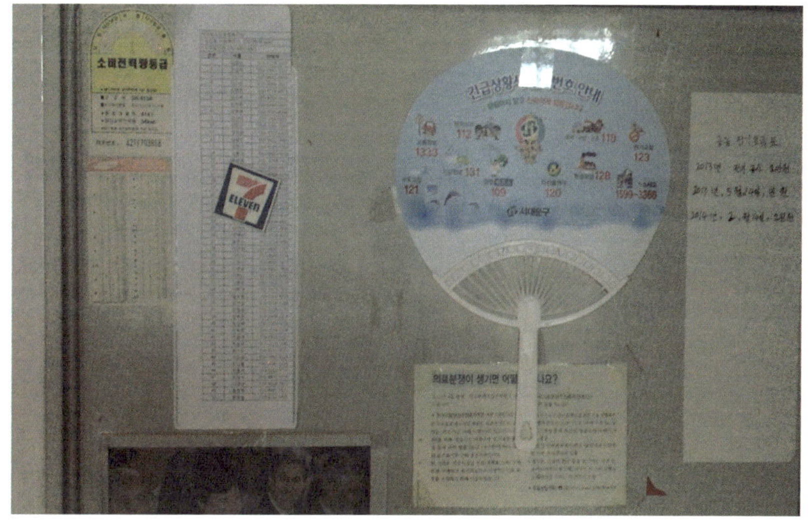

구청에 요구하신 것이 있습니까?

응.. 할 때, 내가 말해봤어요. '저기 학생 방에라도 도배 좀 해주면 안 되냐' 하니까 그 거는 저소득층이나 하지, 못한다고 그러더라구요. 아~ 내가 말해 봤지. 학생방이라도 깨끗하게 좀 해주지요.

*서울시 지원으로 학생 사용 방의 장판 수리지원있으나, 구청 직원이 몰랐던 상황이였다.

구청 직원이 묻더라고요. 저기... 같이 했을 때(첫번째 학생)는 뭐가 그리 불편했냐고 물어서, 나는 식사문제가 제일 불편하더라고. 아우~ 사람이 너무 잔인한 거 같아 가지고 밥을 혼자 먹을라 해도 그렇고 같이 먹을라 해도 그렇고. 그러니까 너무 힘들더라고. 그랬더니... 그러면... 이번에는 뭐 세금 문제도 그렇고 내가 25만원은 받아야 되겠다고 그랬지. 그랬더니 또 그 직원이 그러더라고, 그러면 뭐 '삼시 세끼는 못해줘도 그래도 아침밥이라도 같이 먹을 수 있어야, 그런 매력이 있어야 학생 들어오지 않겠냐' 이래.

'그러죠 뭐. 밥이야 뭐 항상 밥솥에 있으면 먹으면 되는데, 반찬 같은 거는 내가 일일이 못해 준다' 그랬지.

Seodaemun

마침 학생 부모님이 반찬도 열심히 해서 보내더라고. 그래가 지고 그나마 '다행이다' 생각하고...

내 생각이지만... 그냥 쌀이나 한 달에 한 포씩 대주면 뭐..
도배는 학생들 들어올 때마다 뭐... 할 필요가 없잖아요. 그런데... 쌀이나 한 포씩 줬으면 좋겠네. 쌀이나 한 달에 20kg씩 대줬으면 좋겠네~. 그게... 도배는 들어올 때마다 할 필요는 없잖아요. 한번 해놓으면 몇 년...

지금은 두 달밖에 안 됐으니까 없을 수도 있는데, 이렇게 집에 있는데 몸이 아프거나 그러면 약도 사다 주고 그런 경우도 있으세요? 심부름을 해 준다거나... 안 시키셨어요?

뭐... 그, 첨에 이제 내용(구청의 기본 매뉴얼)을 보면은 같이 시장도 가고 말 동무도 하고 뭣도 하고 그렇게 적혀있고.. 에이, 안돼... 안돼. 개선을 하려면 그거... 어떻게 하겠어.

홈셰어를 하시면서 만족스러웠던 점은?

만족스러운 것도 없어.
그러니깐 내가 그만큼 신경이 더 쓰이는 거 같애.
좀 불편한테, 참을 만 해.

저 지난해 학생(첫번째 홈셰어 한 학생)이 있다가, 지난해는 혼자 있는 게 편하다 싶어가, 신경을 안 썼어요. 그 학생 나가고 나서는, 혼자 있는 게 편하다 하고 신경을 안 썼는데, 여기 또 생활관리사 되는 분이 복지관에서 이렇게 와요.
전화는 뭐 일주일에 한 번 정도 오고, 방문은 요즘 워낙 연세 드신 분이 많으니까, 또 난 조금 젊다고 방문은 뭐 한 달에 한번 정도 오는가? 전화는 자주오고. 그리고 그 분이 그 구청에서 홈셰어 그거 하는데 어르신은 한번 해보지 왜 그냥... 방을 비워 놓냐고 그래.
그래서 또 어쩔 수 없이 그래 했는데... 그래 뭐 학생 나간다 하면 그냥 혼자 있을 거 같아.

6개월 했는데, 뭐 이제 더 있겠다 하면 있는 거고, 나간다 하면은 그냥.

학생에 대한 어르신의 생각, 배려

방만 빌려... 처음엔 방만 빌려주는 걸로 생각해 가지고, 같이 있어 보니까 식사하는 시간이 너무 잔인해. 그래가지고 구청직원이 그래, '뭐가 불편했냐'고 묻길래, '그렇더라.'고 그랬죠.

그래서 바뀌신 부분이 '밥까지 챙겨 줘야 되는 부분이 있구나' 라고 느끼신 거예요?

예. 그렇잖아요. 옛말에 뭐, 변은 옆에 놓고 밥 먹어도, 사람은 옆에 놓고 못 먹는다고.

처음에는 밥이 막 남아서 감당이 안 되는 거야. 그래가 누룽지를 만들어 가지고 눌려 말렸어.
그러고 부터 밥 찌끔 했더니 학생이 지 밥 다 먹고 밥이 없으니까, 내 밥을 또 해 놨더라고요. 그래 앞으로 내 밥은 신경 쓰지 말라고 했어. 내

밥은 신경쓰지 말라고. 내가 알아서 먹으니까. 난 밥 없으면은 간식으로도 한 끼 때울 수도 있고 그러니까. 그 다음부터는 밥 안하지...

어르신 그러면 여기 같이 살고 있으니까 내 가족이구나 하고 느끼세요?

아니...

엄마 항상 자식 밥 못 먹을까봐 걱정하시고.

쌀을 아예 딱 씻어 가지고 통에다 딱 담아놓고, 불려가 담아놓고 제때제때 먹고 싶을 때 먹을 만큼 떠가지고... 학생보고서 아무때라도 밥이 없을 경우에는 여기 쌀 씻어놨으니까 요거 해가지고 먹으라 했지. 그러니까. 밥솥에다 밥 항상 해 놓으면 식은 밥 되고 오래되면 맛이 없잖아요. 차라리 쌀을 딱 씻어, 냉장고에 넣고 요래, 안에 밥 없을 경우에 그래 해 먹으라 그랬더니... 그래. 좋은 거 같아요.

그럼요. 밥이 되게 중요해요.

Seodaemun

서대문구 가좌로 Y 아파트

대학생 : 여, 22세

신촌 Y대 3학년. 부모님 집은 인천으로, 학교 기숙사 생활과 친구와의 자취 경험을 거치고 홈셰어는 처음이며 2개월째 생활을 하고 있다.

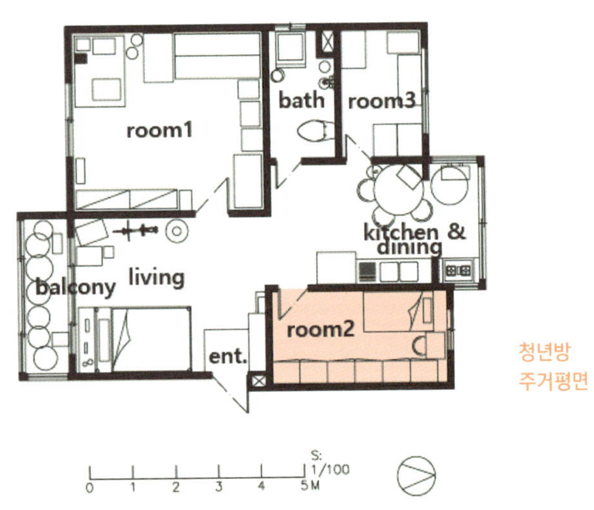

청년방
주거평면

학생의 학교생활, 하루 일과를 이야기 해 주세요. 라이프스타일은 어떻습니까 ?

요일마다 많이 달라서 .

예를 들어서 화요일 같은 경우 에는 제가 집에 거의 11시쯤 와요, 학교에서. 아침에 일찍 나가고, 아침에 뭐 8시에 나가고 .

학교에 계속 있다가, 활동하는게 있어서. 화요일하고 목요일은, 그래서 11시에 들어오고 11시에 오면 바로 씻고 그냥 방에만 있다가 자고.

수요일은 뭐 아침 10시쯤 나가고 저녁 10시, 11시?

빨리 오는 날에는 오후 3시?

저녁 약속이 있으면은, 여기서 일곱시 쯤에 나가기도 하고 보통은 그냥 있어요.

학교에서 재즈 댄스 동아리 이에요. 1학년 때부터 했는데 2년. 만으로 2년 됐어요...

제가 그런 걸 안 하면은 따로 운동을 절대 안 하거든요. 헬스를 간다거나. 과외를 많이 해요.

음... 그냥, 학생 과외도 하고, 직장인 분도 한 분 계시고. 영어 과외 해요. Speaking... 회화해요. 영어 특기생으로 들어왔어요.

'한지붕 세대공감' 홈셰어를 하게 된 동기는 무엇입니까?

부모님 집 인천에 있는데 좀 멀어요. 편도 한 시간 사십 분?

힘들 거 같아서 기숙사를 지원 했는데 떨어졌어요.

그때 제가 기숙사를 떨어진 상태여서, 마음이 많이 급했어요. 개강도 얼마 안 남고.

통학은 너무 싫고.

방도 점점 없어지니까 이제 개강 다가오면.

원래 자취방은 훨씬 더 비싼 데 저는 아는 언니가 살던 집에서 언니가 잠깐 나간 동안에 산 거니까 되게 싸게 했거든요.여기는 한 달에 25만원이요. 시세에 비해서는 저렴해요.

근데 사실 자취방이 더 좋기는 하죠.

어... 훨씬 제가 뭐 엄청 눈치보고 이런 건 아니지만, 그래도 한 집에서 사는 거니까.

할머니 좋으셨고, 그리고 집이 깔끔? 막 더럽거나 이상한 냄새 안 나고 깔끔해 보였고. 학교도 가까워요.

부모님이 이렇게 집으로 들어 오는 거에 대해서 생각이 어떠셨어요?

그래도 자취하는 거 보다는 좋아 하셨어요.

기숙사가 더 좋은데 자취보다는 낫다고.

부모님이 여기 와 보셨어요?

네.

'한지붕 세대공감' 홈셰어는 어떻게 알게 되었습니까?

외부 기숙사 알아보던 중에... 블로그 통하고, 통하고, 통해서 알게 됐어요.

한 블로그에 들어갔는데 거기에 이렇게 리스트가 있어요. 근데 그 리스트 중에 하나가 서대문구 홈셰어링이었는데, 그게 이렇게 링크를 걸어 놨더라고요. 그래서 그 링크 눌렀더니 또 다른 블로그 에 들어가서 거기는 이제 홈셰어 링 홍보하는 블로그였던 거 같에요. 그래서 거기 맨 마지막에 담당자 연락처가 있어서 바로 전화해서.

설명 듣고 그 다음에 바로 서류 보내주셔 가지고 그 날 바로 제출했어요.

서류 작성해서.

제출하고 한... 바로 다음 날 연락이 와서 후보가 몇 개가 있는데 같이 다녀보 자고. 그래서 몇 개 다녀 볼라고 했는데 이게 처음 온 집이었거든요. 그래서 여기를 일단 보고, 마음에 안 들면, 뭐 내일이나 다음 날 다른 후보들 집 보여 주겠다 했는데, 제가 그냥 여기로 바로. 다른 데 안 봤어요.

그 이유가 뭐 있어요?

구청직원 분이 여기가 좋은, 이 정도면 좋은 거라고.

네. 그 정도면 좋은 거라 하시고.

할머니도 좋으셨고... 할머니가 되게 신세대라고 하셔서.

홈셰어 어르신과 집 환경은 어떠신가요?

할머니도 좋으셨고...할머니가 되게 신세대라고 하셔서.

어떤 점이 그래요?

제 사생활? 제 방에도 절대 안 들어오시고.

방에 나갈 때 뭐 잠그고 가요?

이 방은 안 잠궈요.

잘 안 들어오시고, 그 그렇게 잔소리 같은 거 안 하세요.

사소한 거는 하는 데 예를 들어서, 어~ 그 물 샤워하고 나면은 물이 튀기니까.

세탁기하고 변기에 있는 물은 너가 수건으로 조금 닦아라 그 정도?

그거는 닦으면 되고 그리고 뭐, 그냥 그런 거만 말씀하시고.

처음에 늦게 들어올 때 걱정 하시거나?

네. 처음에 말씀해 주셔서 그런 거 걱정하지 말라고 할머니도 늦게 들어오시니까. 눈치 보지 말라고.

그거는 맨 처음에 얘기 해주셨고, 제가 요즘에는 좀 많이 늦게 들어 왔거든요.

가끔 너무 위험한 거 아니냐고 한 번 말씀 하셨는데, 잔소리나 그런 거는 아니고.

여기 올라올 때?

그냥 처음 하루 이틀만 길 좀 헤매고. 길을 몰라 가지고 항상 돌아갔거든요.

밤에~ 밤에 조금 무서워요. 밤에 올 때.

'한지붕 세대공감' 홈셰어 생활 후 달라진 점은 무엇입니까?

자취 때 보다 지금이 밥을 더 잘 챙겨먹기는 해요. 식사를 더 잘하게 되요.

그러면 밥은 직접해요?

아니요 할머님이 해주세요. 반찬은 집에서 엄마가 해주세요.

주말 한 2주에 한 번 정도 오세요.

어머님이 오셔서?

네 제가 매주 집에 가기는 하는데 반

찬을 조금씩 밖에 못 들고 오니까. 한 달에 한 번 정도? 이 주에 한 번? 좀 많이 이렇게 가지고 오세요.
그래서 냉동실에 넣어 놓고. 밥은 거의 아침은 먹고요.
점심은 거의 다 사 먹고요.
저녁은 먹을 때도 있고 안 먹을 때도 있는 데 요즘엔 거의 밖에서 먹어요.

제가 좀 깨끗하게 써야 될 거 같고, 제 물건이 아니니까.
음... 뭐 이런 거 여기 쓸 때도 밥 먹고 나면 얼룩진 거 닦아야 될 거 같고. 안 할 때도 많아요, 생각나면은 '아 맞다' 하고 휴지로 막 좀 닦고. 안 할 때도 많고 그렇게 해야 될 거 같고, 또 빨래 같은 것도 널어 놓으면은 마르면 바로 바로 가져와야지 할머니 옷도 또 걸고 이러는 데, 제가 걸어놓고 잊어버리고 계속 살거든요. 그래서 할머니가 걷어서 제 방 앞에 놔두셨더라고요. 그 때부터는 이제 빨래를 말랐다 싶으면은 빨리 빨리 걷죠. 할머니가 걷어야 되니까. 긴장까지는 아니고 조금 조심하는 거 같아요. 그래서 부모님이 주말 같은 때 집에 가면, '얘가 조금 바꼈다' 이렇게 말씀하시거나 뭐 그런 거 있어요. 되게 좋아하세요.

어른들은 할머니랑 같이 사는 거를 안심하나 보다봅니다.

네, 좋아하세요. 엄마 아빠가. 밥도 잘 챙겨 먹는 다고 하니까.
제가 아침 매일 먹는다고 하니까 엄청 좋아하세요. 자취 할 때는 제가 맨날 먹는다고 해도 잘 안 믿으셨거든요. 그래도 할머니랑 살면서 밥 항상 먹는다고 하니까 좋아하세요.

제가 아침 매일 먹는다고 하니까 엄청 좋아하세요. 자취 할 때는 제가 맨날 먹는다고 해도 잘 안 믿으셨거든요. 그래도 할머니랑 살면서 밥 항상 먹는다고 하니까 좋아하세요.

어르신 집을 어떻게 사용하나요?

집에 오면은 주로 어디에 있어요?

저는 제 방에만. 방에만 있어요.

네~ 식사할 때만 여기서(거실) 식사하고. 식사할 때는 부엌, 샤워할 때는 욕실 쓰고, 거실? 거실은 잘 안가요. 테레비를 안봐서.

욕실은 같이 쓰는 거네요?

네, 같이 써요.

욕실은 청소 안 하시고?

네, 청소는 안해요. 욕실하고 주방은 할머님하고 같이 써요.

쓰레기는 그 제 방에 쓰레기 통이 있어서 거기 다가 버린 다음에 그게 꽉 차면 그 비닐 가지고 나와서 여기 다가 버려요. 여기 다 놓으면 할머니가 치워주세요. 그리고 플라스틱하고 그 재활용하는 거는 여기 따로.

S씨가 여기까지만 버리고 밖에 나가서 버린 적은 없어요?

네, 한 번도 없어요.

홈셰어 공유생활로 불편한 점은 있습니까?

어... 훨씬 제가 뭐 엄청 눈치보고 이런 건 아니지만, 그래도 한 집에서 사는 거니까. 제가 밤에 되게 늦게 자는 편인데, 밤에 원래 통화하고 그렇거든요. 밤늦게. 그래서 밤에 통화할 때나 그럴 때는 엄청 작게 하고. 그거를 조금 조용, 조용 조심히 해야 되는 게 안 좋고.

제가 밤늦게 막 텔레비는 안 보지만, 영화 보고 드라마 보는 거 좋아하는데 컴퓨터로. 원래는 크게 틀어 놓고 보는데 여기서는 이어폰 꽂고 봐야 되고.

웬만하면은 프린터도 코드 항상 빼놓고 소리 나니까, 그런 거 조금 조심하거든요. 전기도 할머니가 불 켜는 걸 별로 안 좋아 하셔서, 불 킬 때도 그 할머니가 안 계실 때 키거나. 그 정도?

가스렌지 이거 고쳐주셨으면 좋겠어요, 불편해요.

그런 점이 자취 방하고 다른 점

조금 불편해요.

고장 난거는 없고, 저기 화장실에 세면대가 없어요.

세면대가 없고 그냥 수도꼭지만, 세면대는 없고, 수도꼭지 틀어서 그냥 받아서 하는 거거든요. 그래서 제가 불편해 가지고 양치를 할 때 이렇게 꾸부리고 해야 되니까 그게 싫어서 여기서(부엌) 했었어요. 양치를.

할머니가 싫어하시더라고요. 여기서 하지 말라고 양치를. 그래서 그 다음부터는 여기 쭈그리고 앉 아서 양치를 하거든요. 그게 조금 불편하죠. 냉동실에 자리가 많이 없어서 제

거를 잘 못 넣거든요.

아~ 그리고 음식물 쓰레기 버릴 만한 곳이 없어요. 음식물 쓰레기 버리는 거 되게 싫어하시기도 하고. 아예 안 버리세요. 그리고 저는 남기고 싶을 때가 있거든요. 그때는 그냥 꾸역꾸역 먹거나 아니면 변기통에 버린 적도 있고, 어쩔 수 없이. 들고 나가서 학교 갈 때 버리고. 여기서 못 버리니까 밖에서 사온 걸 먹다가 남으면 여기다 못 버리겠는 거에요.
버릴 때가 없고 설거지를 못하니까. 상한 반찬 그대로 집으로 보내거든요 그 쉰 음식을. 저는 그래도 그릇 씻어가지고 보내고 싶은데 못 버리니까.

홈셰어 생활에서 좋은 점

좋은 점은 아무래도 제가 다른 사람이랑 사는 거니까 좀 덜 게을러지게 되고 .
조금 긴장하는 생활이 되고. 좀 덜 게을러지고 그리고 조심 조심하게 되고.
뭐 그릇 같은 것도 되게 살살.
그래도 여기서 그릇 같은 거 깨뜨리면 곤란하니까 집에서 보다는. 그런 거 조금 조심하고 괜히 그냥.

어르신과 대화 또는 교류 생활 하세요?

대화하기

들어온 지 얼마 안 됐을 때 몇 번 같이 식사 했거든요, 계속. 그때 어머니, 아버지 물어보시고 아~ 그리고 엄마, 아빠가 한 번 오셨을 때 선물도 케익도 사오시고 그랬거든요. 할머니한테. 그래서 할머니가 커피 끓여주셔서 제 방에서 넷이서 같이 얘기했어요. 저희 부모님, 잘 부탁드린다고. 얘가 집안일 할꺼니까 냅두시면 알아서 할 거라고 그러고. 그래서 뭐 할머니는 저희 부모님을 좋아하셨어요.

처음에 들어 왔을 때는 쫌.. 몇 개 물어보시고, 여쭤 보고 했어요.
그 때는 여기서 밥 먹으면서 했어요.

식사하기

지금은 거의 혼자 먹어요.
시간도 안 맞고, 저녁은 할머니가 더 늦게 드시고.
원래 전제 조건은 아침밥만 해주시는 건데, 할머니가 그냥 점심, 저녁 제가 있으면은 다 해 주세요. 보통 해 놓으세요. 비워지면은 해 놓고, 제가 저녁 때 먹으면 아침에 없으니까 .

빵 같은 거는, 그 조각케익 같은 좀 맛있는 거 사오면, 할머니 거실에 계셔가지고 거실에서 먹을 때도 있었어요.

인사하기

교류? 별로 안 하는 거 같아요.
아~ 인사는 하고 '다녀오겠습니다' 뭐, '다녀왔습니다' 하면, '응, 다녀왔니?' '늦게 오네' 뭐 이 정도는 해요.

어르신 물품 중 같이 사용 하는 것은 무엇인가요?

욕실 안에 세탁기가 있어서.
제 빨래는 제가 하고. 여기서(창고 방) 제 빨래는 제가 널고.

조리를 하거나 그런 있을까요?

계란 후라이 정도는 해요.

설거지는 초반에는 제가 했는데 할머니가 하지 말라고 하셔서.

수저와 젓가락도 다 할머님 꺼 쓰고, 그릇도 할머니 꺼.

휴지는 같이 써요.

제 방에 장롱이 3칸이 있는데, 크게 3칸인데 2칸은 제가 쓰고 1칸은 할머니 짐이 있어요.

할머니 반찬을 같이 먹어 본 적 있나요?

할머니가 여기 다가 놓으시면 저도 같이 먹고.

막 따로 이렇게 하거나 하진 않고, 이렇게 같이 놓고 먹어요.

학생이 가져온 물건은 무엇인가요?

욕실 것은 따로 써요, 제 것만 쓰면 돼요. 샴푸랑, 린스, 바디워시, 그 다음에 칫솔, 치약, 수건은 제거 따로 걸어놔서, 그 다음에 거품망? 바가지?

아~ 책상 제가 가지고 왔어요.

책상, 의자도 가져왔고, 그 다음에 요랑 이불, 베개. 그리고 그냥 생활, 화장품?

아, 프린터도 있어요. 노트북이요.

그 롤클리너(청소도구) 하나 있어요.

홈셰어 계약, 제도

구청 분한테 서류 보낼 때 주로 어떤 내용 기입해서 보냈었어요?

그냥 기본적인 인적 사항이랑 제 이름, 주소. 학교, 그거 딱 위에 서너 줄 쓰고, 그 다음에는 항목, 항목이 몇 개가 있었어요.

내가 이 집에 들어와서 뭘 할 수 있을지... 1번 가사 일 돕기, 2번 컴퓨터 가르쳐 드리기, 3번...

뭔가 그런 걸 해야 돼요? 도와드려야 돼요?

아 네. 내가 이런 거를 할 수 있다.

그래서 이 중에서 몇 번, 몇 번, 몇 번 할 수 있는지 이렇게 체크하는 방식이고. 그 때, 컴퓨터 그런 거 도와드리기. 컴퓨터였던 거 같애요.

그리고 어... 집안일? 집안일을 도와드리기.

말벗 돼 드리기. 그렇게 3개였던 거 같아요.

할머니도 알고 계세요?

네, 알고 계실 거에요. 계약서 쓸 때 그게 프린트 되어 있더라고요. 제가 집안 일을 할려고 했는데 할머니가 안 좋아하셔서. 집안 일은 거의 안 하고.

제 방만 정리하고, 그리고 거의 못하는 거 같아요. 할머니가 컴퓨터를 안 쓰시거든요.

그런 것도 핸드폰도 거의 안 쓰셔서.

말벗도 해드리고

네, 원래 밥을 같이 먹을 때 가끔 말을 같이 했는데, 요즘에는 밥을 같이 먹을 일이 거의 없어서.

서류 신청 내용 이해가 쉬웠어요? 이런 거구나 예상하고 실제와 비슷해요?

네, 비슷해요.

근데 이런것들이 사실은 약간 형식적인 그런것도 있고.

뭐 막 확인하고 그런 거는 아니고...

사실 할머니 컴퓨터도 없으신데, 컴퓨터 도와드리기 했으니까.

절차는 간단했어요. 연락도 빨리 빨리 되고. 제가 결정만 하면은 바로 계약 할 수 있는.
그리고 계약도 그 직원 분이 직접 오셨어요, 여기로. 계약서를 들고. 그래서 저 10분 만에 설명 듣고 싸인하고 나눠 갖고 끝이었어요. 금방 됐어요.

가스레인지가 고장 났어요. 점화가 안 되는 거야. 얘를 킬 때 이렇게 키면 불이 나오는 게 아니라, 킨 다음에 여기 있는 라이터로 이렇게 붙여야지 하다가 데었었어요. 한 번 디어 가지고, 혼자 있었는데 너무 아파가지고 여기 계속 찜질하고 그랬거든요. 그게 100% 제 책임이라고 할 수 있는지, 왜냐하면 가스레인지가 고장나서 그런 건데 그런 거에 대한 허술함? 제가 여기서 다쳤을 때 어느 정도 제가 책임이 있고 시설 관리하는 할머니에게 어느 정도 책임이 있는지, 제가 다치지는 않았지만, 그럴 수 있을 거 같아요. 네, 보험도 없고.

홈셰어 홍보에 대하여

홍보가 진짜 부족, 아는 사람이 진짜 별로 없으니까. 제 주위에는 다 대학생들인데, 홍보가 부족한 것 같고, 어~ 그리고..

홈셰어링 한다고 하면은, 보통 하숙한다고 하고 그러면은 보통 넘어가는데, 얼마야? 뭐 어때? 그렇게 물어보는 애들한테는 사실 하숙은 아니고 홈셰어링이라고 한다고 하면서....그냥 얘기할 때는 하숙이라고 설명해도 잘 모르니까. 근데 물어보면은 홈셰어링이라고 하고 설명을 해줘요.
하숙이랑 제일 다른 점이, 방이 따로 완전히 독립된 게 아니라 한 집에서 같이 사는 거라고 그렇게 얘기하고, 그 다음에 할머님이 밥 해주셔서 좋다. 좋은 거 같다. 이렇게 얘기하고.

Seodaemun

서대문구 남가좌동 M 주택

어르신 : 여, 73세

요양보호사 자격증을 소유하고 있으며
"힘든 때 도와주면 좋잖아요. 사람들이 고마워하고 좋아하다는 거는
진짜 뭐하고 바꿀 수 없어요. 사는 데 활력소." 라고
현재도 어려운 사람들을 위해 봉사를 하고 있다.
할아버지 돌아가시고 자녀는 출가와 독립 후
나 홀로 생활하고 있다.
현 주택에서 27년 이상 거주하고 있으며
홈셰어는 두명의 학생과 함께 하고 있다.

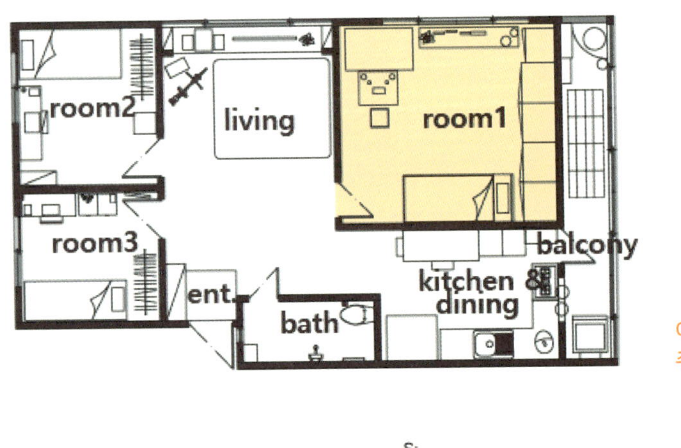

어르신방
주거평면

건강은 어떠십니까?

이제 또 나이가 70이 넘었잖아요. 그러니까 또 항상 몸이 안 좋아요. 손이 펜을 들면 떨려요.
15년 전에 화상을 입어가지고... 힘들면 쉬어요 집에서.

갑상선 초기.. 안 좋아가지고, 나이가 있으니까 혈압약, 고지혈 약도 먹고... 그러고 별다른, 저 때 종합진찰 했는데 다 좋다고.

하루 일과 중에서 주로 밖에 많이 나가세요?

당시 요양 보호사 교육이 있었어요. 요양 보호사 교육시킨다고, 명지대 전문대학교에서. 제가 그걸 배웠어요. 집에 있으면 자꾸 맘이 우울하고 그러니까. 그냥 좀 해봐야 되겠다 ~ 그러고서 요양보호사 일을 나갔지요.
할머니들 케어를 했어요. 이제 나이가 들어 힘들어서 집에 있고... 어르신들이 와 달라고. 그럼 뭐 그러다가 또 나가고.
치매 지원센터에 가서 치매노인들을 한 달에 한 8번? 나가는 거. 대화 나누고, 그 분 정신 건강에 대해서 체크하고. 또 인제 한 달에 한번 기저귀 갖다 주고 오는 거 하래요. 그거를 하기로 어제 결정하고 왔어요.
출근도 오후 그전에, 꼭 요양 보호사는 1시에 해요 출근을.
사람도 만나고, 다니다 보면 너무 나도 힘든 사람들이 많은데 나는 아무것도 아니구나.
그런 생각이 드는 거지요.
도와드리고 오면 힘은 드는데 마음은 뿌듯해요. 굉장히.

또 일요일, 토요일은 은평문화회관 있는데, 다문화 가족지원센터에 아이들 엄마들이 토요일, 일요일이면 한국의 정서, 음식 그런 거 배우러 와요. 그 동안 애기들을 맡기잖아요. 맡기면 다른 자원 봉사들하고 애기들 토요일 4시간씩 토요일, 일요일 그것도 했었어요.
그래서 거기서 감사장도 받았어요.

책도 많이 봐요.
책이 SGI 그 단체에서, 책을 좋은 게 있으면 많이들 줘요. 신문, 책 그런 거. 제가 회원이에요.

'한지붕 세대공감' 홈셰어는 어떻게 아셨습니까?

서대문구 주민센터에서 플랜카드(현수막) 보고.

'한지붕 세대공감' 홈셰어는 왜 하시려고 생각하셨어요?

외로움이나 안전하고.
사람 소리가 나니까, 왔다 갔다 하면 짜글짜글 소리가 나니까, 사람 사는 집 같잖아요.

아~ 그리고 세금 나오는 거 도움이 되고... 생활비도 도움이 되죠. 그럼.

자녀분은 홈셰어 하는거 알고 있으세요?

처음에는 이제 애들이 걱정을 많이 해요.
우리 막내가 엄마같이 살자고 그러고 우리 큰 며느리도 그러고... 엄마는 엄마대로 개성이 강하고 니들은 니들대로 생각이 있을 텐데, 같이 살다가는 불편할 게 많을 것이다. 엄마 그냥 혼자 살다가 나중에 엄마가 더 안 좋을 때 그 때는 혹시 너희들이 엄마를 어느 시설로 보내든가 아니면 니들이 엄마랑 같이 살아 주던가... 그 때는 좀 모르겠다.

애들이 인저 목소리가 지금 전화에서 가라 앉았다든가.
전화를 안 받든가 그러면 불안한가 봐요. 그래서 인제 이렇게 학생들 들어왔는데 우리 막내아들이 편안하고 마음이 안정이 된대요.
학생들 있으니까. 그 점이 굉장히 좋대요. 내가 학생들과 같이 있다는 게. 접 때 와 가지고 저 S는 없었고, 집에 가 있었고, 그 때 토요일인가 일요일인가 J만 있었어요. 나와서 인사하고 이러고 저러고 얘기하고 .. '굉장히 학생이 좀 착해 보인다, 엄마. '좋다' 그러더라고.

학생과 함께 생활하는 이야기를 해주세요.

생활규칙을 말로 여기서, 저 친구들 많이 데리고 와서 그런 다던가, 예를 들어서 여기서 도시락을 싼다고 막 잔치마냥 늘어놓는 다던가, 그 얘기를 하길래, 구청직원 선생님, '사람이 살라면 이럴 때도 있고 저럴 때도 있지'... 그거를 어떻게 꼭 규정을 해서... 그걸 그렇게 얘기를 하느냐고. 지가 그랬어요.

대화, 인사

나갈 때 '할머니, 다녀오겠습니다' 인사해요. 그러면 그런 게 굉장히 좋아요.
아침에 '할머니, 안녕히 주무셨어요' 평상시 이야기 잘 하는 편이예요.

우리 막내며느리가 엊그제 와서 우리 J하고 대화를 나눴거든요.
며느리가 J한테 ... 대학만 가면은 좋지 않나?
엠티하다가... 땡땡이도 치고... 지들끼리 대화가 되더라고요.
그걸 보고 얼마나 신기한지...

거실에서 지나가면서 어떤 때, 인저 '너들 감기 챙겨라' 할머니니까. '너들 밥 먹었어?' 를 많이 해요.
'밥 먹었어?', '제 때 밥 먹었어?' '너들 살 뺀다고, 그러지 마...'

전화를 안 받든가 그러면 불안한가 봐요. 그래서 이렇게 학생들 들어와서 우리 막내 아들이 편안하고 마음이 안정이 된대요. 학생들 있으니까. 그 점이 굉장히 좋대요. 내가 학생들과 같이 있다는 게

식사준비

어떤 때는 쌀을 앉혀서 넣어 놓으면, 아침에 일찍 일어나서 제가 눌러주고. 지들이 잘 해요.
가끔가다 반찬 그릇 같은 거 이렇게 먹다 좀 저기 한 거 있잖아요. 그러면 '이런 거는 버리고, 이거는 할머니가 손대서 싫으냐~?' 그러면은 '아니에요 할머니, 좋아요' 그래, 그 인제 애기들이니까.
그러고 어떤 때는 밥을 한번은 지들이 밥을 해놨어요. 그런데 이놈들이 밥을 계속 안 먹는 거야. 그거 다 퍼서 누룽지를 했어.
옛날 사람이라 인자 호박나물 같은 거 해서 주면 잘 안 좋아하나 보더라고요.
하루 됬다 이틀 됬다가 먹으면 안 좋을까 봐 내가 꺼내 버리지.
줬다가 또 날짜 지난 거 먹으면 안 좋을까 봐 내가 그러지요.

처음에는 한, 두번? 같이 식사 했는데...
지들끼리 편히 먹게... 그렇잖아요. 자꾸 끼고 앉으면... 지들끼리 먹게...

빨래하기

'할머니' 얘들이 '할머니 빨 거 없어요?' 그래요.
내가 그랬어요. 할머니는 어쩌 다가 세탁기 돌리는 데, 빨래를 모아다가 빨자, 그렇게 하자 그랬어요.
처음에는 내가 다 널어주다가 지금은 내가 이 팔이 조금 안 좋았었어요.
그래서 널으라고 그랬어요. 모두 같이. 그러고서 내가 어떤 때는 개주고 어떤 때는 지들이 하고, 잘 해요

화장실 청소

지들 씻고 방에 들어가는데. 그냥 머리가락 놓고 안 닦고, 안 줍죠... 그럴 수도 있고 저럴 때도 있고 잘 할 때도 있죠. 저도 그러는데요 뭐.
접때 아침에 일어나니까 '할머니, 어저께 화장실 막혀 가지고요. 할머니 일어날까 봐 아주 혼났어요. 뚫었어요~' 하하하하.
그 얘기를 하는데 얼마나 웃고, 그래도 그런 얘기를 한다는 게... 지들끼리 하고 말하지 않아도 되잖아요.
화장실 청소는 내가 해줘요. 쟤들 바쁘잖아요

문 단속

저들은 그냥 문 열어 놓고 댕겨요.

어떤 때 재들은.
내가 닫아 주고, 너들 집에 갈 때 '문 잠고 가거라' 내가 그러지. 혹시 모르니까.

어르신 집에서 학생과 함께 사용하는 물건이나 장소 있습니까?

세탁기, 베란다

처음 우리 세탁기가 오래돼서 그게 인제 그래요. 처음에는 내가 몇 번 저기 하다가 이제 알려 줬어요.
베란다는 빨래나 널고.

현관 비밀번호

번호키요.
그냥 뭐 저기 이사 오는 날 그냥 일러줬어요.
훔쳐갈게 뭐 있어요. 사람 안 다치면 되지.

신발장

신발장도 내가 애초에 애들이 이사 오기 전에 정리를 했어요.
제 신발 못 쓰는 건 정리를 하고, 칸을 이렇게 비워서 쓰라고.

냉장고, 부엌

냉장고, 여기 칸이 저거야 애기들, 저 한 칸을. 내가 칸을 정해서 그렇게 해줬어요. 저 위에 하고.
쟤들이 내가 안방에 있으면
여기(부엌 식탁)가 편안한가봐.
여기서 뭐를 공부를 하면 자기들 끼리는.
그런데 어느 날 뒷집 사람이 '할 머니', 그래서 '왜' 그랬더니, '이사 안 가셨어?'
'왜 이사를 가요?' 그랬더니, '젊은 사람들이 밤늦게까지 왜 그래요?' 그래...
'왜요?' 그러니까 '우리 애기아빠가 좀 잠을 자야 되는데...', 거실서 잠을 잔데요.
그런데 자글자글 하는 소리 때문에, 학생들 들어와서 생각 하다하다 '그런 얘기를 들었어' 그러니까, 굉장히 조심스럽더라고요. 그 소리 이 소리 어떻게 해야 되나...

뭐라고 말해야 되나... 오해를 하면 어떡하나...
그런데 '할머니 그럴게요' 그러더라고. 여기서 공부를 해도 좀 조용히.

처음부터 부엌에서 니들 밥해 먹어라 말했어요. 계란 하나 후라이해 먹은 거 같더라고요. 아침에 보니까. 설거지는 잘 해요. 깔끔하게 잘해요.

부엌용품
식기, 냄비, 후라이팬 같은거 학생들이 자기 것 갖고 오고.
어떤 때는 같이도 쓰는데... 별로 같이 쓸려고 안해요.
근데 세제 같은 그런 것은 내것 같이 써요.

어디 갔다 오니까, 애들이 딸기를 사다가 우유를 넣고 갈아요.
도깨비 방망이가 방에 들었는데 그 통이 저기 있는데, 저거를 어떻게 꺼냈을 까 하는 생각에... 그래도 이렇게 자연스럽게 꺼내 쓰니 그래서 참... 신통하다.
그러고 한 잔을 저를 갔다 줘요.
그리고 또 지들이 씻어다 놓고. 신기하더라고요.

거실사용
저녁에 드라마 같이 볼때도 있어요... 애들은 TV 볼 때 언제나 여기서 봐요.
나는 힘들면은 누워서 보고, 조금 있다가 자전거(운동용)도 조금 타고...

화장실 사용
화장실은 아침에 지들 다 보고, 일찌 감치 나와서 지가 화장실을 보고 지들은 머리가 목욕도 하고 샤워도 하고 그러잖아요. 그러니까 그냥 모르는 척 내버려두고 하고 간 다음에 지가 써요.

학생에 대한 어르신의 생각은?
저는 그냥 처음에는 딸아이들이라 지가 딸을 길러 봤잖아요.
그래서 막 걱정이 여기 오는데... 저 안 좋은 뉴스가 있잖아요.
처음에는 잠을 못 잤어요. 그랬더니 하숙하는 친구가 이래요. '성인이야 22살이면. 그런거 탁 내려놓고 믿어. 그냥 '자~' 그러더라고요. 처음에는 막 앉아 기다렸어요.
아휴~ 전화를 할까 말까 이렇게 걱정 돼서... 지금은 어떤 때는 애들이 오는 것도 몰라요.
지가 잠들어서.

아침에 막 일어나기 힘들어 하면은 내가 하는 얘기가 ' 저기 S가 아프냐' 물어요,
자꾸. 아침에 못 일어나면은... 그러면 '할머니 아프면 내가 얘기 할게' 어디 아픈데 말 못하고... 그게 걱정이에요.

저는' 너희들 다이어트 한다고 굶지 마. 하여튼 우리 집에서 좋은 일 있고 나가야 돼'.
학생들 어머니들도 저를 믿는다고 걱정 안 한다고. 할머니를...

아침에도 일찍 일어나 돌아다니지 못하는데, 쟤들 늦게 와서 자잖아요.

이제 학생들이 다 지그들 식사 이렇게 해먹고 예쁘게 도시락도 싸가지고 가요. 아주 계란 같은 거 부치는 거 이런 거 보면은 잘해요. 그러면 이제 내버려 두죠. 지들이 아침 보통 잘 해서 가져 가는디, 그 공간을 줘야 되잖아요.
이제 할머니가 왔다 갔다 아는 체 하면은 친할머니도 싫은데, 못 본 척하는 게 났겠다 하는 생각에.

우리 아들이 내가 깔끔한 성질이래. 깔끔하긴 뭘 깔끔해. 그냥, 엄마 혼자 있으니까 그러는 거지.
아들 하는 얘기가 '학생들은 엄마 떨어져 가지고 왔는데, 얼마나 불편하겠느냐, 엄마' 입장을 바꿔 생각해 줘라. 엄마, 될 수 있으면 걔들 맘 안 상하게 우리가 해야 된다' 고... 그 얘기를 들으니까 아~, 일리도 있다.
그냥 뭐든지 외면하고 못 본채 하고, 잘못하는 것도 없어요~

나는 어떤 때는 둥굴둥굴 했으면 좋겠더라고요. 옆에 드러 누워 팔베고. 그랬으면 좋을 거 같아요. 팔 베고 둥글둥글 했으면.
그런데 조심해, 많이 조심해. 그래도 둘이라 좋아요.

학생들이 가족 같다는 생각 많이 들지요. 사람이 마음먹기 달리지 않았나. 그래서 서로가 좋은 쪽으로...

홈셰어를 하시면서 만족스러웠던 점은?

아~ 생활도 도움이 되죠.

하나가 자면 하나가 이렇게 챙길 적에 참 예쁘다.
도시락을 서로가 이렇게 펴서 번갈아 챙길 적에, 참 우리 애들 예쁘다...
원체 애들이 좋아요. 성격이 좋아. 둘이 도란도란 얘기하면, 아이고 하나보다는 둘이 났다. 혼자면 저도 쓸쓸하잖아요. 그런데 둘이 도란도란 얘기하는 거 보면 너무 이뻐. 사람 사는 냄새가 나잖아요.
딸을 기르는 건 또 어떨까 그런 생각도 했었거든요.

첫째는 혼자 있을 때보다 집 안에 이렇게 훈기가 돈다고 그럴까요... 사람 온기.
이렇게 들락날락하고 온기가 돈다. 달그락 달그락 소리가 나고. 그러는 거. 사람 사는 거.
둘째는 애들이 걱정을 제일 안하지요. 엄마 혼자 있으니까.

홈셰어 계약

구청직원이 방을 먼저 와서 봤었거든요. 한~참을 몇 개월 있다가 애들 들어 왔어요. 얼마 있다가 왔어요. 와 가지고 먼저 J 학생 '이십 만원만 받으세요' 그래서 '그냥 그래요' 그랬어요 제가.
그러고서 나중에 우리 J가 S를 데리고 왔는데, 똑같이 받기로 했어요.
만약에 내가 그걸로 생활을 보탬을 꼭 해야 된다던가, 그런 계산적인 사람 같으면은 좀 그럴 거다. 그런데 학생들 뭐 직장인도 아닌데... 엄마들이 뭐 보태준다 하는 것도 그렇잖아요. 맨날 또 생활비 줘야지, 학자금 줘야지... 그냥 부모 마음으로 그 정도면 됐어...

구청에서 홈셰어하는 사업 어떻게 생각하세요?

'방만 빌려주면 된다' 라고 그렇게만 들었어요.
다른 지원 얘기 그런 거는 전혀 안 듣고... 그거 제가 계약서를 보니까. 그냥 엊그제 내가 전화를 걸어서 물어 봤더니, 그건 형식상 쓴 거라고 하는데...

주에 4시간을 할머니랑 말하자면 그건 불편한 할머니를 두고 얘기했나 봐요.
4시간을 할머니를 이렇게 사용을 해야 된다 그래서 우리 막내가 그걸 보고 '어머니 굉장히 좋아요' 그래요. 지금은 지가 핸드폰은 가졌어도 다는 모르잖아요.
요양 보호사를 다니면 이렇게 카톡을 찍으래요... 그거를 하라고 해서... 어머니 그런 것도 이제부터 학생들 오면 알려달라고 하고 그러라고...

그런데 그게 홍보가 좀 더 하면 좋겠어.
방이 좀 있고 그런 할머니들은 그것도 말하면 일종의 수입이잖아요. 어차피 방은 비어 있으니까.
인제 이렇게 가족이다는 생각 가지고, 마음은 조금 비우고...
그래서 잘 하면은 이렇게 지방에서 올라온 학생들... 같이 이렇게 해서 그러면 많이 좋은 일이다 싶더라고요.

구청에 요구하신 것이 있습니까?

도배 같은 거 해주신다고 이런 설명은 안 하셨어요?

도배 같은 거 그런 거는 얘기를 못 들었어요. 애초에 집이 도배한지가 얼마 안돼요.

솔직하게 얘기해서 지원이 나오면 좋죠. 필요해서 구청에서 꼭 해주고 싶다면은 모르지만... 제 생각은, 제 물건을 어차피 애기들이 안 와도 고쳐야 되잖아요.
그런데 그런 시스템이 있다면, 도배도 해주면 학생도 좋고, 잠깐이라도 있다 가지만 할머니도 좋고...

성격은?

성격이 좋은 학생이면 좋아요.

주변 어르신한테 홈셰어 이야기하고 권유하세요?

신청하라고 할 거에요. 하라고 한 적도 있죠.
그리고 사람들이 '딸 생겨서 좋겠다. 손녀딸 생겨서 좋겠다. 할머니~ 그러면 좋지?' 그래요.
굉장히 아주 좋은 반응들이 있어요. 주변에서.

Seodaemun

서대문구 남가좌동 M 주택

대학생 J : 여, 21세
대학생 S : 여, 21세

동일한 대학 재학 중인 친구와 함께 홈 셰어를 시작하였다.

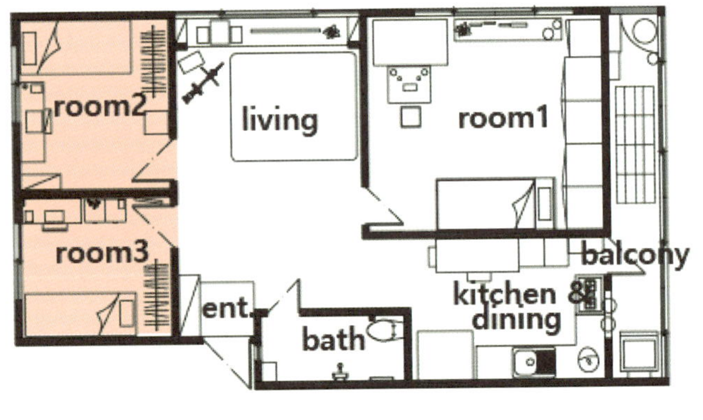

청년방 주거평면

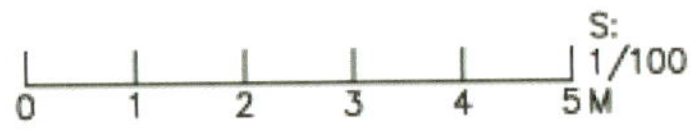

홈셰어 취지가 분명하던데. 그 노인 혼자 사시는 분들 남는 방도 하고, 노인분들이 혼자 사시다 보면은 위급상황도 있고, 불편한 것도 많은데 젊은 학생이 같이 있으면 그거 도와주고, 그리고 스마트폰 이런 것도 잘 모르시면 가르쳐 드리고 그런 취지라고 써 있더라고요.

학생의 학교생활, 하루 일과를 이야기 해 주세요.

J 보통 오전 수업이 없고 오후 수업이 많아서... 제가 아침에 운동 갔다 와서 아침밥 먹어요.
아침에 학교에서 운동하고, 8시에 가서 운동하고 9시에 와서 얘는 오전 수업이니까 9시에 제가 와서 밥을 해서 얘 화장하고 있으면 옆에 갖다 놓으면 먹고, 저 밥 먹고 저는 다시 또 자요. 아니면 학교에 11시 마감 찍고, 카페로 넘어가서 애들이랑 새벽까지 하다 오고, 그런 식이어서. 저희 산업디자인과라서... 매일 매일이 과제 때문에... 시험기간 아니어도 많아서, 진짜 집에 있는 시간이... 거의 안 붙어 있어요.

S 저는 오전 수업부터가 많아요. 주말에는 저희가 여기에 있는 거는 과제 때문에 있는 거라서 학교에 가고요. 아니면 본집에 내려가는...

J 아침에 머리도 말려주고, 가끔. 제가 오후 수업이니까. 화장하면 뒤에서 머리 말려 주고. 고데기 해주고 옷 골라 주고. 여기서(S 방) 자요.
밤에 서로 다음날 뭐 입을지 골라주고. 그냥 편하니까.

S 얘가 오후 수업이 많아 가지고, 전 아침에 항상 바쁘거든요. 저도 오후 수업이 있다면 챙겨 줬을 거예요.

'한지붕 세대공감' 홈셰어는 어떻게 알게 되었습니까?

J 원래 자취를 둘이 하려고 했는데, 처음에 자취를 둘이 하려다가 그냥 뭔가 더 싸게 할 수 있는 거 검색하다가. 기숙사? 행복주택 이런 거 다 검색하다가 블로그에서 알았어요.
홈셰어 취지가 분명하던데. 그 노

인 혼자 사시는 분들 남는 방도 하고, 노인분들이 혼자 사시다 보면은 위급상황도 있고, 불편한 것도 많은데 젊은 학생이 같이 있으면 그거 도와주고, 그리고 스마트폰 이런 것도

잘 모르시면 가르쳐 드리고 그런 취지라고 써 있더라고요.
포스터 같은 데에.

'한지붕 세대공감'홈셰어를 하게 된 동기는 무엇입니까?

S 금전적인 영향이 굉장히 큰 거 같아요.

J 저는 자취를 하려고 했는데, 엄마 아빠가 하지 말라고 그랬어요. 그래서 통학할 생각을 하고 있었는데...
그래서 그냥 포기하고 있었는데 얘가 이걸 알아온 거예요. 안 될 거 같았는데 한번 말해 봤어요. 근데 이것도 싸고 그리고 엄마 아빠가 할머니랑 같이 사는 게 그게 제일 안정적이라고 둘이 사는 거 보다. 그래서 허락해주셨어요.
그리고 통학거리가 좀 가까워서 좋았고.

어르신과 대화 또는 교류생활 하세요?

대화, 인사

J 들어가고 나갈 때 '학교 갑니다' '학교 갔다 왔습니다' 하고 인사도 하고. 가끔 TV 보고 있을 때 같이 와서 이야기 할 때도 있고...
평소에 그냥 문 열어 놓고 생활해서... 서로 문 벌떡벌떡 열어 놓고 있어서, 할머니 TV 보시고 전 여기서

준비하고 하면서 대화해요. 화장하면서.
여기 다 들리니까 작아서. 방에 서 그냥 여기서 얘기하는데. 할머니 여기 앉아 계셔서 TV 보면서 얘기하고... 학교과제 얘기하고...
TV 드라마 얘기도 하고. 할머니가 아침드라마 되게 좋아하세요.

S 그렇게 할머니랑 많이 대화를 할 시간은 없어요. 저희가 아침 일찍 나갔다가 진짜 늦게 들어오거든요. 과제 때문에...

J 할머니가 항상 조언을 많이 해주시는 편 같은데. 약간 좋은 말씀. '힘들다' 하면은 '힘들다 하면 안 된다.' '아 짜증나', '그런 말 하면 안 된다' 약간 이런 식으로 항상 대화 한 거 같아요. 주된 대화가. 밥 잘 먹어야 된다고. 공부 열심히 해야 된다고. 항상 그런 대화인 거 같아요.

S 저희가 조금만 늦잠자도 막 아프냐고 걱정하시고. 그리고 항상 저희가 '다녀오겠습니다' 그러면 항상 건강하라고.
부모님 걱정하신다고. 항상 부모님 걱정하신다고. 여기서 잘 살아야 된다고.

J 막내아들 가족분들 와서 만났었어요. 얘기도 한 적 있어요.
저번 주 주말에. 얘기도 하고 불편한 거 있으면 말 해달라고도 하시고. 거실에서 그냥 과자랑 주스 같이 먹으면서 얘기했어요.

TV보기

S 거실에서 같이 볼 때는 할머니는 누워 계세요. 옆으로.
저는 사이클... 이 위에 항상 앉아 있어요. 앉아만 있어요.

J 저는 여기 가운데 앉아 있는 거 같아요.

식사준비

S 할머니가 그냥 되게 밥도 해주시고. 가끔요.
그니까 해놓고 먹으라 그래요. 뭐 카레를 하던 된장찌개... 해놓고 먹으라고... 가끔 음료수도 사다 놓으시고..
반찬도 해 놓으시고...

J 제가 오전 수업이 없고 오후 수업이 많아서... 가끔 겹칠 때는 같이 할머니랑 몇 번 같이 먹은 적 있었어요...

S 난 한 번도 없는데...

빨래하기

J 세탁기 다 같이 쓰는 거라서. 같이 모아서 해요. 빨래 물어봐서.
할머니께서 가끔 빨래 개 주실 때도 있고.

S 있으면 보이는 사람이 개는 거 같은데...
내 것만 개거나 뭐, 그런 거는 없이 다 같이 개요.

어르신과 함께 사용하는 물건이나 장소 있습니까?

그냥... 거실, 화장실, 부엌, 베란다 다 같이 사용해요.

부엌용품, 냉장고

S 저희는 그냥 저희 것만 딱 쓰려고 했는데, 할머님 물건을 쓰는 거 되게 경계가 없어요.
반찬은 집에서 가져와요. 냉장고에는 저희 칸이 따로 있어요.

식탁

J & S 과제는 식탁에서 같이하고. 식탁에 다 펼쳐놓고 해요. 할머니가 주무시고 난 다음에는 저기 식탁불만 키고.

처음에는 완전 소곤소곤 했어요. 그때는 신경 쓰느라. 근데 점점 편해지면서 볼륨이 커진 거예요. 근데 여기가 방음이 잘 안되거든요.
그래서 할머니가 말씀을 좋게 말씀해주셨는데, 저희가 점점 볼륨이 커지니까. 점점 편해서 노래 틀어놓고 과제하고.

세탁기

J 번갈아가면서 하는 거 같아요. 가끔 찼다고 할머니가 돌리실 때도 있고, 저희도... 세탁기 다 같이 쓰는 거라서. 같이 모아서 해요. 빨래 물어봐서.

신발장

J & S 신발장 조금 작은데... 그래서 신발 박스 갖고 와서 베란다에도 조금 쌓아놓고. 근데 할머니가 그냥 다 넣어... 어떻게 정리 다 해주셔서.

거실

J & S 둘이 TV 같이 보고.

부엌

J 저희가 학교에 맨날 도시락을 싸

가서 도시락 당번이 이렇게 있어요. 번갈아 가면서 해요. 그래서 아침, 도시락 한사람이 아침도 차려주는 거라서. 다 해 먹어요.

S 처음에 왔을 땐 진짜 잘 해 먹었는데 요즘은 진짜 시간이 없어서… 시간이 진짜 없어요. 도시락도 안 싸요, 저는.

학생이 가져온 물건은 무엇인가요?

학생방 용품

J 거의 다 새로 샀는데. 행거 그리고 저기 매트리스. 의자는… 집에서 갖고 오고… 그리고 옷 넣을 서랍, 조그만 서랍장. 거의 다. 커텐은 집에 있는 거 갖고 왔어요.

S 저도 같이 사서 행거랑 매트 리스랑. 커텐은 샀어요. 항상 커튼을 쳐 놓고 살아요. 밖에서 볼까봐.

부엌용품, 식재료

J 조그만 밥솥, 그거랑 프라이팬 하나, 냄비 하나, 각자 밥그릇 하나씩. 그릇은 각자고 나머지는 S 와 함께 써요. 수저, 젓가락도 다 가져왔어요. 그냥 컵이 부족할 거 같아서 물컵도 가져왔죠.

J &S 쌀은 가져왔어요.

홈셰어를 하면서 어렵거나 불편한 것이 있을까요?

J 세면대가 없어요. 저는 그냥 키 높이에 있는 세면대에서 세수 하는 게 익숙해져 있는데, 여기서 바로 틀어서 바닥에 쪼그리고 앉아서 하니까. 바닥에 앉아서 세수하고. 그래서 저는 처음에는 쭈구리고 있으니까 힘들어서… 익숙하지 않아서. 지금은 익숙해져서… 샤워할 때 물 온도 조절이 힘들어요. 그래서 천국과 지옥을 왔다 갔다 해요. 너무 차갑고, 너무 뜨겁고.

S 방은 처음에 되게 좁다고 느꼈는데요, 지금 쓰다 보니까 익숙해져서 괜찮고. 그리고 이제 집에서는 빨래를 엄마가 다 했잖아요.
혼자 빨래하는 거 괜찮은데, 세탁기가 너무 낡아서… 좀 처음에 마른 거 갖고 좀 당황했어요. 먼지가 너무 많이 붙어있는 거예요 옷에. 그래서 아끼는 옷은 저기다 못 빨겠더라고요. 그래서 손빨래해요.

J 필요한건 손빨래해야 돼요. 먼지가… 검정색은 절대로 안돼.

J 여기 힘든거, 언덕 올라오는 거. 과제 때문에 노트북 들고 과제하는 거 들고… 짐이 진짜 많아요.

홈셰어를 하시면서 만족스러웠던 점은?

S 저는 생각보다 되게 편해요. 조금 불편할 줄 알았는데. 왜냐하면 모르는 사람이라... 그래서 좀 불편한... 약간 눈치도 많이 보일 줄 알았는데, 제가 너무 편하게 살아서 그리고, 아무래도 학교가 바로 앞이니까 그게 제일 좋아요.

J 금전적인 거, 학교와 가까운 것도 너무 좋고.
너무 좋아요. 늦게 들어올 때, 할머니가 주무시고 계세요. 늦게 들어오는 거 별로 신경 안 쓰셔서...

홈셰어 계약

J 블로그. 거기서 복지과에 전화하면 된다고 해서 전화를 했더니 바로 집이 있다고 해서, 다른데는 대기하는 사람 많다고 해서 안 될 줄 알았는데 바로 거기 두 집이 있으니 하나를 고르라고 하시는 거예요. 그래서 바로, 그 주에 바로 약속 잡아가지고 만났어요. 이게 첫 번째 집이예요.

J 소개할 때 이해하기 쉬웠는데, 너무 기대 할까봐 되게 낮춰서 말씀해 주신 거 같아요. 약간... 그래서 걱정을 좀 많이 했어요. 그런데 보고 나서 너무 괜찮은데... 생각했어요.
그리고 구청분이 엄청 꼼꼼하셔서, 여기 같이 살 때 하는 예의범절을 몇 시간은 들은 거 같은데. 올 때마다 한 시간, 두 시간씩. 맨날 그 얘기 듣고.
초기 때는 엄청 자주. 어떠냐? 물어보실 때도 있고.
그리고 할머니랑 따로 있을 때 불편한 거 있으면 자기한테 말해 달라고. 바로 말씀해서 중재를 한다고... 아직 한 적이 없어요.

S 전화로도 많이 물어보시고. 요새는 연락 자주 안하는데...

J 여기서 계속 살 생각하고 있어요. 이게 계약서를 계속 쓰는 게 아니라 그냥 서로 맞으면 자동적으로 연장되는 거라고 하셨거든요? 그래서 그냥 서로 맞다고 생각하면 그냥 계속 살면 된다고 하셨어요. 그 구청분도 저희 졸업 할 때까지 살면 좋겠다고 계속 말씀해 주셔서.

S 저도 똑같아요.

홈셰어 사업과 구청에 요구할 사항이 있습니까?

J 블로그인데 근데 그것도 뭔가 전문적인 게 아니라... 개인이 하는 약간 그런 느낌이었어요. 구청 사이 트에도 그런 거 없어.
서대문구청에도 들어가 봤는데 찾기 힘들어요. 뭔가 딱 뜨는 것도 아니고, 그래서 블로그에서 설명해 준 거예요. 복지과에 전화하면 된다고, 구청.
그것도 뭔가 전문적인 거 같지 않아서 저는 옛날 건 줄 알고. '되나 안 되나 끝난 거 아니야?' 하고 전화했는데, 바로 되서 그렇지. 자료가 없어요.
홍보를 진짜 해야 될 거 같은데...

S 홈셰어링이라고 검색했는데 아무것도 안 떠요.

J 계약을 할 때 생활 수칙 그런거 있는데 근데 뭔가 의미는 없는 거 같아요. 같이 살다보면, 규칙과는 멀어지는 거 같은데, 점점... 섞이면서 경계가 불분명하고 그냥 그래서...서로 예의만 지키는 정도면...

홈셰어 어르신 또는 주거 환경의 선호 조건 있습니까?

금연 흡연 상관없나요?

S 할머니 흡연하시면 만약에 집에 들어왔을 때, 담배 냄새가 난다면, 인상이 좀 안 좋았을 거 같아요.
뭔가 엄마 아빠가 반대했을 수도 있을 거 같아요

선호하는 주거?

J 처음 홈셰어 할 때 구청 직원분하고 계속 연락을 했었거든요. 근데 '집이 되게 작다', '아파트 같이 깨끗한 거를 기대하면 안 된다' 그래서 저는 진짜 엄청 걱정을 많이 하고 왔는데, 되게 깔끔하셔서 깨끗함이 되게 좋았어요. 정리정돈 진짜 너무 잘하시고.

부모님은 홈셰어 하는 것을 알고 계십니까?

J 먼저 말하고 나서 한 거예요.
먼저 할머니 만나 뵙고, 그 다음에 부모님은 이미 허락하신 상태여서...

S 자취를 부모님이 허락하지 않았고, 이건 할머니랑 같이 사는 게 안정적이라고..
그래서 허락해 주셨어요. 원래, 아예 나가 사는 걸 반대하셨어요.

'한지붕 세대공감' 홈셰어 생활 후 달라진 점은 무엇입니까?

J 학교생활 좀더 성실히 하는 거 같아요.
통학을 할 때는, 일단 집이 저도 두시간 반 걸리고 얘도 두시간 반 걸리니까, 일단 진짜 조금만 한 삼십분만 늦잠 자면 일어나자마자 지각을 했음을 느끼면서, 그냥 '아, 늦었다' 해서... 지각 진짜 밥 먹듯이 하고, 남들 9시 일어나서 오는 거 6시? 6시 반에, 7시에 일어나도 지각이니까. 앉으면 눈을 감고 있고, 진짜 전철에서 서서 자고...

S 그리고 과제하느라 11시에 마감 찍고 나가면 집 도착하면 한시 반 이러니까. 그런데 또 밤을 새야 돼. 막차 스트레스도 있고.

J & S 이거 하면서 삶이 완전 편해졌죠.

J & S 약간 나와 사는 입장이니까... 그런게 있어요. 부모님이 저를 더 관심을 가져주는 거 같아요. 맨날 '어딨냐?'고 전화하고... 오히려 전화 더 많이 오는 거 같기도 하고.

친구들한테 홈셰어 권유하세요?

J 권유해요. 친구들도 관심있는 애들 많아요. 자취한다고 하면 할머니랑 같이 산다고 하면 뭐냐고 물어보고 저희가 방세 얘기해 주면 더 솔깃해 하고.
그래서 권해 하는데, 막상 하는 애는 없지 않아?

S 친구가 한번 진짜 하고 싶다고 그래가지고 인터넷에 한번 검색을 해봤는데, 그게 자료가 잘 안 나와 있더라고요. 기사만 홈셰어 어쩌고 저쩌고 있고. 저도 얘 소개로 안 거라서 그 루트는 모른단 말이에요. 그래서 그때 검색해봤는데 못 찾겠어가지고.

Seodaemun

서대문구 연희동 G 빌라

어르신 : 여, 78세

오래 전 할아버지와 사별하고 할머니는 3명의 아들과 함께 생활하였다. 20년 정도 된 현재의 빌라에서 3명의 아들은 결혼 후 분가하여 할머니 혼자 생활하다가 자녀들이 사용했던 빈방을 여학생에게 빌려주는 홈셰어를 시작하였다. 대학생과 1년 6개월째 홈셰어 공유생활을 하고 있다

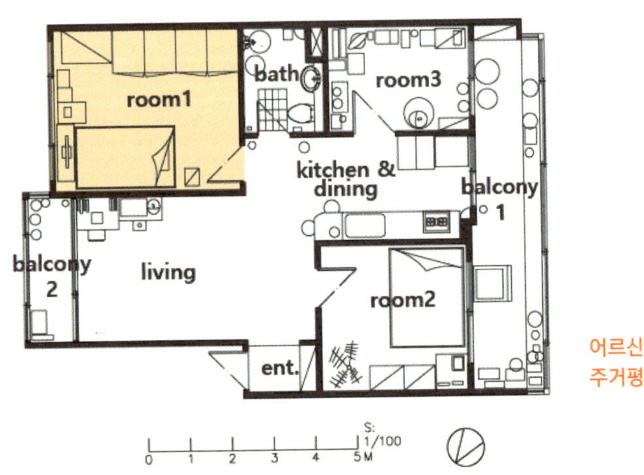

어르신방
주거평면

건강은 어떠십니까?

뭐 약도 먹는 것도 없고. 걱정이 몸에 살이 안 쪄요.

엄청 말라요. 살이 안 쪄. 근데.

밥은 때에 꼭 꼭 먹는데요.

그리고, 그 여기 귀가 좀 근지럽고, 코가 좀 근지러운디 그게 비염이라고 하는디.

이비인후과 다녀도 안 나서 그것이.

하루 일과 중에서 주로 밖에 많이 나가세요?

집에 많이 있어요. 집에 내가 많이 있고.

노인들 복지관 있는데.

거기 가면 나는 이렇게 화투 같은 거를 안쳐. 그런 거를 할 줄 몰라요.

가서 앉아 있으면, 두 분이 나와서 화투를 치는데, 노인들이 보는 거 안 좋고 그냥 그렇더라고요.

그래서 그냥 아예 안가버렸어요.

한 달에 만 오천원씩 걷어서 해 먹어. 그것 또 처음에 들어갈라면 칠 만원인가 얼만가 또 들어. 나는 잘 안 다녀. 밥 얻어 먹는 데는 안 다녀요.

노인정 그 한 1년 전에 다녔고.

지금은 잘 안 나가. 그때는 그것 또 2만원 돈을 내야 돼 회비.

돈을 안 내 버렸어 그니까는. 안 가고 싶더라고요.

올해는 내가 꼭 갈려다가 가도 별 것도 없더라고. 화투를 칠 줄 알아야 하는데.

그니까 나는 개천가를 돌아다녀.

그냥 개천가 좋죠.

개천가에 나가면 아는 사람 많죠.

친구는 많애, 아는 사람.

근데 요즘은 놀러를 집으로 안 다녀. 누구든지. 개천가에서 다 만나불지.

난 일찍 일어나부러. 아침 6시 되면 일어나거든.

3시, 2시 일어나부러, 저녁에는 9시 못 되어서 자버리고, 저녁에는 일찍 자부러. 그때 12시 넘으면 잠이 안온께.

그러고 그런 취미 생활도 별로 없고, 그러고 나는 살았어요.

> 방 한 개 짜리는 누가 잘 안 쓴다고 그러드라고. 복덕방에서는.
> 그니까 나는 놓을 생각도 안 했어.
> 그냥 내비뒀어. 그냥 그랬더니
> 거기서 구청에서 놔 준거야.
> 구청에서 놔 준 것은 보증금 없이

일찍 일어나시면 주로 어디 계세요?

방에서 테레비 봐요.

방에서 성경책 보다가 목사님 보다가. 목사님 테레비를 나는 많이 봐요. 방송에서 나오잖아.

아침에는 식사는 주로 몇시에 하세요?

나는 여섯시 넘으면 해부러야 돼. 젊어서부터. 버릇이 그렇더라고.

'한지붕 세대공감' 홈셰어는 어떻게 아셨습니까?

복지관 선생이 있어요. 혼자 있다고. 복지관 선생이 뭔 구청에 신문을 보니까, 방 놓는디가 있더라고 그거를 가보자고 그래. 그래서 가 봤더니 거기 다 내놨더니 쟤(학생)를 데리고 왔더라고.

방을 보러 왔는디 올란다고 전화를 했더라고. 오라고 했어. '올라면 오니라' 내가 그랬어. 그래서 보러 왔더라고요 방을. 그래 가지고 방을 줬지. 그래서 구청에서 놔 준거예요.

'한지붕 세대공감' 홈셰어는 왜 하시려고 생각하셨어요?

인제 그 선생이 와서 보면은 방이 이렇게 비어 가지고 있으니까. 저 방을 어디 좀 놓으면 좋겄다고 그랬어요.

그러기 전에도 수급자 할머니가 살았어, 한 2년을 여기서. 쟤 오기 전에도 잘 살다가 할머니가 나갔어. 할머니하고도 잘 지냈어. 할머니도 맨날 반찬해서 내가 주고.

방 한개 짜리는 누가 잘 안 쓴다고 그러드라고. 복덕방에서는.

그니까 나는 놓을 생각도 안 했어.

그냥 내비뒀어. 그냥 그랬더니

거기서 구청에서 놔 준거야.

구청에서 놔 준 것은 보증금 없이.

자녀들이 홈셰어를 어떻게 생각하고 있습니까?

말 안 했어. 몰라요.

방 하나 준거는 알고.

엄마가 워낙 심심하니까. 심심하니까 엄마 알아서 하라고 그래요.

엄마가 좋으면 좋고, 안좋고 하면 안좋고, 알아서 하라 그래.

홈셰어를 하시면서 만족스러웠던 점은?

애기(학생)가 참해요.

누가 데꼬 안 다니고, 순하고 참해.

그니까 손주 딸처럼.

그래서 좀 도움이 되셨어요? 혹시 이거를 놓으니까 그래도 매달 25만원 들어오니까

그렇지 아무래도 조금.

그렇고 또 애기가 착하고 그러니까.

누군가 집에 같이 있으니까 좋으세요?

사람 들어 왔다 나갔다 하는 것이 더 낫지요. 이것이 들어 왔다 나갔다 하니까.

혼자 있으니까 저녁에 온다 그런 생각을 하니까. 만약에 내가 갑자기 아프더라도 누가 있으면, 언능 연락을 해주잖아요.

저 애기가 있다고 하면은.

학생이 연락처도 다 알고 있어요?

연락처는 모르지. 내 핸드폰이나 누르면 알지.

그리고 또 애기가 저기 한 애 같으면 못 뎄고 있는데, 애기가 참해. 대꾸도 안 하고, 사람도 안 데리고 오고.

처음에 내가 방 줄 때 '누구 뎄고 오면 난 안 된다' 내가 그랬어.

처음에 6개월을 계약하고 왔거든요.

그런데 또 있을란다 그래가지고 또

다시 6개월을 계약했어. 그리고 또 6개월을 두 번 계약을 했어. 1년 6개월이 조금 넘었지.

앞으로 학생이 졸업을 하고 나가게 되면, 이렇게 계속 홈셰어 하시고 싶으세요?

할라면 구청에다 해야지.
응. 저런 애기만 오면은.

학생과 함께 생활하는 이야기를 해 주세요.

인사, 대화하기

꼭 인사를 해.
저녁에 혹시 내가 안 자면 잠은 안 오고, 안 자면은 '할머니, 나 왔어요' 그러고 또 '할머니, 나 다녀 올게요'
여기 와서 보통. 아침에 갈 때도 꼭 인사하고, 인사성 발라. 괜찮애 애기는.

장보기

슈퍼타이 사러 갈 때 하고, 화장지 사러 갈 때 내가 데꼬가.
너무 무거우니까 못 갖고 오니까.
아주 두통을 사 와 불고 화장지도.
글고 또 슈퍼타이도 큰거 하나 사와 불고. 저거하고 나하고 둘이 쓰니까. 큰거 살 때는.

주로 주말에 가세요?

네, 놀 때. 인저 자주는 안 가.

저기 쟤 아침에 일찍 학교 가면 저녁에 11시에 들어와요.
노는 날이 없더라고 별로.

식사

식사는 내가 '반찬하고 밥하고는 따로 해 먹어야 한다.' 나는 생활용품은 내가 다 대 주니까 그냥 두

Seodaemun

이것이 들어 왔다 나갔다 하니까.
혼자 있으니까 저녁에 온다
그런 생각을 하니까.
만약에 내가 갑자기 아프더라도
누가 있으면, 언능 연락을 해주잖아요.

고. 그래서 지가 밥통을 샀어.
인제 밥이 어떤 때는 밥을 안해가지고 없을 때가 있어. 그럼 '우리 밥 먹어라' 그러고. 반찬은 인제 지가 못해 먹으니까 그냥 나도 잘 못해 먹어. 그니까 국 같은 거, 뭐 다른 거 생선 같은 거 지지고 그러면은 먹으라고 주고,

또 어떤 때는 지가 아침에 늦게 일어나면 밥을 못 먹고 갈 때가 있어요. 그러면 또 있으면 갖고 가서 먹어라 주고 그랬어요.

학생이 반찬 같은 거는 가져와요?
안 가져와.
없으니... 그냥 내가 대충 주지.

힘드시겠다 식사하는데.
음~그래도 그냥 괜찮해.
그냥 내 식구같이 사니까.

아침에는 같이 먹을 시간이 있으세요?
아침에는 먹을 때가 있죠.
처음에 와서는 그 점심도 먹으러 오고, 저기 뭐냐 저녁도 먹으러 오고 그러더라고. 그러다 나중에는 안 그러대.

아침 안 먹고, 인자 아침에 늦게 자면. 내가 아침에 저를 깨워가지고 같이 먹자 그러면, 쟤가 늦게 일어 나가지고 잠 깨기 그러니까.
그럼 밥을 같이 먹을래 내가 따로 먹을래 그러면은 '할머니 내가 일어나서 알아서 먹을게요' 그래. 그러면 '있는 반찬 챙겨서 먹어라'

빵 안 먹어. 내가 빵 어디서 나면 조금씩 주고 그러지요.

함께 TV 보기
내가 토요일 날 저기하면 테레비 보고 싶으면 '와서 볼래?' 이러면은 한 두서너번 인가 와서 봤는갑네.
보라고 하면은 같이 봐요.

빨래하기
세탁기는 내 것과 학생 거 따로따로 돌려요. 세탁 세제 우리 거 같이 써. 빨래대 저기 있어요. 여기 다 해요 마루에.

어떤 때는 다는 안 개줘. 내 수건 같은 거 어떤 때는 하나씩 개서 내가 해준다고 말라 해. 지가 걷어 다가 한다고. 그리고 따로따로 빨래를 해. 지꺼는 따로 모아서, 내꺼 따로 모아서. 그러니까 일주일에 한 번씩 하라고 해. 모아 갖고.

화장실 청소

내가 다 하지.

학생은 안 해요?

안 해요.

괜찮아요. 머리가 길어서, 머리카락 감당을 못하것디.

머리가 길어 한번 씻어도 머리가 천지야. 요즘 애들은 머리가 다 길어.

약 사오기

전번에는, 하도 피곤해 갖고 죽것어서. 약국에 가 가지고 아주 엄청 피곤한 거 깡통에 든 거를 주라고 해라 천원짜리.

'그것이 효능이 잘 듣더라' 그것을 한 번 시켰었어.

사다 줘 사오라고 하면, 내가 안 시키니까 그러지.

사다 주라고 하면 다 사다 주지.

어르신 집에서 학생과 함께 사용하는 물건이나 장소 있습니까?

세탁기, 세제

주방, 세탁기 같이 써요.

냉장고

냉장고도 같이 쓰지.

근데 냉장고 작어. 우리 것이 적잖아. 혼자 산다고 작은 거 사갖고,

음료

음료 같은 거 거다 넣어 놓고 먹고.

주방용품

그것도 같이 쓰고. 후라이팬 쓰고, 냄비도 쓰고. 레인지도 쓰고.

숟갈, 젓가락은 지꺼 따로 있어.

물컵은 지 것 있어.

식탁 테이블, 의자도 같이 쓰고.

화장실

같이 써요.

(개인용품) 작은 것은 내 것이고, 두 개는 애기 꺼.

수건은 이렇게 같이 걸어 놓으셨어요?

같이 걸어 놓아.

타월은 각자 따로따로 있어.

신발장

네, 신발장 넓어. 신발, 지신은 지 신데로 넣고, 내 것은 내 것대로 놔두고.

학생에게 바라는 점이 있습니까?

나는 내가 공부를 몰라서 워낙 '네가 내 공부 좀 갈쳐주면 안 되냐?'

그 소리는 해봤어.

'니가 시간이 없어서 못 갈치겄다' 그랬어 내가.
지 공부 할라니까 그거 하것소?

'한글 공부' 그 해주는 데 있어 있기는. 저 큰 복지관을 갈라면 좀 걸어가야 되니까, 내가 안 가.

홈셰어 입주자의 선호 조건 있습니까?

선호하는 성별 있으십니까?

그렇죠. 나는 남자는 안 된다고 했지요.
여학생 해야 한다고.

담배 피는 여학생도 괜찮아 하셨어요?

안 했어. 담배 피면 나는 안 받어.
나 담배 피는 거 싫어하거든,
냄새도 싫고.
걔 데리고 왔을 때, 사람만 데리고 오지 마라고.

구청에 요구하신 것이 있습니까?

학생이 들어와서 구청이 수리해 준거 있습니까?

그런 거 안해 줍디다.
도배 같은 거 안 해 줬어.
내가... 깨끗해서 할 것도 없고,

다른 어르신에게 홈셰어 권유하시겠습니까?

어르신처럼 혼자 사시고 빈 방이 있다면 ?

근디 저기 내 주위에는, 시집 안 보낸 딸 데리고 살고, 장가 안 간 아들 데리고 살고, 나 말고 혼자 사는 사람이 별로 없어. 즈그 식구가 있어.
그니까 못 넣재. 식구가 있으면은.
그제, 있으면은 이거 해봐 말하지.

Seodaemun

서대문구 연희동 G 빌라

대학생 : 여, 22세

부모님 집은 지방으로 현재, 고시 준비를 위해 휴학 중으로 이전까지는 대학 기숙사 생활하였다. 어르신 집에서 홈셰어 시작한지 1년 2개월 이상 공유생활을 하고 있다.

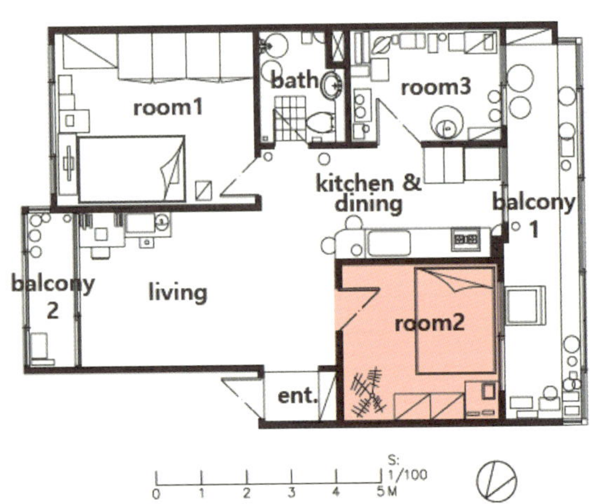

청년방
주거평면

외로움이 큰 거 같아요.
네, 누군가 같이 사는 거.
같이 이야기 할 사람, 옆에 누군가가 있고...
기숙사 시절에는, 방학하면 다 집에 내려가잖아요.
저는 공부하니까 그때 혼자 있었는데,
혼자가 힘들겠다는 생각이
그때 들었어요. 그런 생각이.

학생의 학교생활, 하루 일과를 이야기 해 주세요.

월요일 일요일까지는 씻고, 아침에 일어나서 할머니랑 아침 먹고. 여섯시에서 일곱시 사이에 일어나요. 일곱시에서 일곱시 반 사이에 나가요.

그리고 학교 가서 공부하다가 점심 먹고, 공부하다가 저녁 먹고, 공부하다가 열한시쯤에 나와서 집에 와요. 일요일에는 오전에는 늦게 일어나서 점심 먹고, 아니 시간 맞으면 할머니랑 먹던가 안되면 저 혼자 먹고, 공부하러 갔다가 저녁, 일찍 올 때도 있고, 늦게까지 하다가 올 때도 있고.

(늦게오면) 할머니 주무시고. 거실은 잘 안써요. 화장실이나 씻을 때 쓰고, 바로 자요.

아침 일찍 학교 가면 저녁에 11시에 들어와요.

'한지붕 세대공감' 홈셰어를 하게 된 동기는 무엇입니까?

대학 기숙사, 1학년 2학년 때요. 휴학생은 안 되니까 구한 거예요.

원래 기숙사 안 되는 건 알고 있었는데 휴학생이라, 그래서 제가 찾다가 친구가 알려줬거든요. 친구는 통학하는 친군데, 그 애가 알려줬어요. 이런게 있더라고. 그래서 하게 됐어요.

그리고 혼자 사는 거 외롭다고 생각해서.

홈셰어하는 이유 중 제일 중요한 것은 무엇입니까?

저는 같이 사는 거.

외로움이 큰 거 같아요. 네, 누군가 같이 사는 거. 같이 이야기 할 사람, 옆에 누군가가 있고...

기숙사 시절에는, 방학하면 다 집에 내려가잖아요. 그 기간은 남아 있으니까 살 수 있는데 그래도 일찍 나간단 말이에요. 저는 공부하니까 그때 혼자 있었는데, 혼자가 힘들겠다는 생각이 그때 들었어요. 그런 생각이.

부모님은 홈셰어 하는 것을 알고 계십니까?

신청하기 전에 '이거 해도 될까?' 이렇게 생각했어요.
'이거, 이런거 있던데 이거 할게' 했어요. 알아서 하라고.
홈셰어는 제가 결정했어요.

할머니랑 처음 사니까 오기 전에 걱정하신 부분이 있습니까?

아, 너무 챙겨줘야 하는 건 아닐까 그런 생각은 했었어요.
그래도 뭔가 어린, 손주 나이의 입장으로... 입장이니까 그런 걸 많이 해줘야 되나? 얘기나... 항상 '뭔가를 같이 해줘야 되나' 이런거는 생각 해봤어요.

어르신과 함께 살아보니까

네. 오히려 그냥 번거롭다고 생각하시는 거 같아요. 정말 필요 할 때만 부르시고.

돌봄받기

약은 아닌데 걱정은 하셨어요.
보일러 막 트시고, 문 두드리면서 괜찮냐고.

어르신과 대화 또는 공유생활 하세요?

도와 드리기

할머니 체하셨을 때 있었어요.
약, 약 있으시다 그러고, 병원도 같이 가자고 안 하시니까. '같이 가 드릴까요?' 이러면 아니라고 하시니까. 간 적은 없어요.
그냥 뭐 같은 거... 도와 달라. 뭐 글씨 봐달라는 거 봐드리고 읽어 달라는 거 드리고. 숫자는 읽으시는데 돈을 못 읽으셔가지고 그런거 해 드리고.
가끔 통장 봐 드리고 그런 거 밖에...
핸드폰은 근데 옛날 거라 사진 전송 어디 해야 되는데 제거 쓰시고.
그거 도와 드리고 그런...

식사하기

하루일과에서 오전은 할머니랑 식사하는 경우가 굉장히 많네요.

네

음식이나 이런 건 같이 드시는 거예요?

제가 사올 때도 있고, 할머니가 주실 때도 있고.
네. 그거(반찬, 찌개)는 그냥 뭐 가끔 평소에도 끓여 주시고..

식사준비는 어떻게 하세요?

같이요. 할머니 혼자 하시는데, 그냥 보고 있을 수는 없잖아요. 그래서 같이 하자고... 뭐 썰거 있으면 썰고...

'아침 안 먹고 간다' 그러면 '왜 그러냐' 이렇게 말 하시니까 그때부터 먹게 됐는데, 그래서 그때 약간 나눴다가 제가 원래 안 먹던거라 부실하니까 많이 챙겨 주시더라고요.

반찬도 막 저는 기숙사에 있을 때 아침 잘 안 먹어서 안 먹어도 되는데 할머니가 되게 신경 쓰시더라고요. 사오기는 하는데, 제가 사와도 부실하다고 생각하시나봐요. 할머니가.

할머니 아침 먹을 때 할머니 자리 있고, 이거 제 자리.

네. 항상 정해진 자리 있거든요. 바꿔서 안 앉고.

TV보기

주말에 가끔 할머니랑 저녁에 일찍 오면 티비 같이.

할머니 기독교 방송 맨날 그거만 보신다고 저 오면은 저 보고 싶은 거 보라고 그러셔서... 같이 보면 '저거 뭐냐' 이런 얘기 하면서 봐요.

네. 드라마도 할머니 보시는, 할머니 보실 시간이면, 드라마 보고 줄거리 얘기 해주시고.

대화, 인사하기

학교생활 이런 것도 얘기해요.

'아들이 오기로 했다.' '어디를 놀러가기로 했다.' '손주 누가 이번에 대학 갔다' 이런 얘기. 그리고 일상적인 거 '오늘은 뭐 하기로 했다' 이런 거.

저는 날씨가 어쨌다거나, 언제 집에 간다거나, 시장 가실 일 있으면 데리고 가라 이런 거.

전화하기

할머니는 아홉시에 주무세요. 그

래서 가끔 깨셔서 제가 안 왔나, 더 공부하다 오거나 그러면 늦잖아요. 그럼 그때 가끔 전화해요.

장 보기

시장도 몇 번 가긴 갔어요. 무거운 거 살 때, 세제나 휴지나 이런 거 살 때.

한 달... 두 달에 한번 정도?

빨래, 건조, 정리하기

아, 빨래. 저 할 때 할머니 있으시면 주라고 해서 같이 하고.

아니 제가 할 때, 할머니 깨시면 있으시냐고 물어보면... 같이 돌려 드려요.

널고 말리고. 빨래 개는 거는 제가 아침에 나오니까 안 말라 있으면 그냥 가잖아요. 그러면 할머니가 몇 개 개주실 때도 있고, 아님 제가 개면서 할머니 거 갤 때도 있고, 그냥 그렇게. 니껀 니가하고 그런건 없는 거 같아요. 넣어드려요. 빨래 개서 그냥 어디다 올려놔요. 그러면 각자 챙겨가고.

쓰레기 버리기

같이 넣고 여기다 내 놓으면 저 학교 갈 때 제가 버리거나 할머니가 버리거나. 음식물 쓰레기는 그냥 아무나 나가는 사람이 버려요.

쓰레기 분리 같은 것도 자기가 쓴 거는 자기가 분리해서 놓고.

시간이 많으면 할머니와 하고 싶은 건 산책이요. 여기 천변 다니면서 산책하면서 얘기도 하고 그랬으면 좋겠어요.

어르신과 함께 사용하는 물건이나 장소 있습니까?

침구류

제 것도 있고, 할머니가 주신 것도 있고.

그리고 매트. 겨울에 추운 거 같다고. 기숙사에 있으면 이런 거 없잖아요. 보일러 트니까. 그래서 할머니가 걱정돼서 주셨어요.

냉장고

냉장고에 이렇게 칸을 나눠서 사용해요?

네

세탁세제

그건 그냥 할머니거... 처음에 세제 이런 건 그냥 써도 된다고 얘기 하셨고, 비누 이런 것도 많으니까 그냥 써라 이렇게 하셨는데.

부엌, 화장실

부엌이랑 화장실은 공동으로 써요. 화장실 화장지는 할머니가.

거실

거실은 둘 다 잘 안 써요. 빨래걸이 사용 시에만 써요.

발코니

거의 안 써요. 빨래 널 때만 사용해요.

신발장

그냥 제 신발도 있고 할머니 신발도 있고. 막 '여긴 니칸' 이렇게 한 건 아닌데 그냥 넣다 보니까 그냥.

학생이 가져온 물건은 무엇인가요?

음식

쌀은 사가지고 와요

주방용품

밥통은 있어요. 제 거.
밥 이런 거는 할머니가 만약에 같이 쓰면 제 것도 준비하게 되니까 '밥솥이나 이런 거는 있었으면 좋겠다' 이렇게 말씀하셔서 그때 샀고.
컵이나 밥그릇이나 숟가락은 제 거 있어요.

화장실 용품

그건 제거 있어요.
그냥 같이 놔도 저는 제 거 쓰니까...

홈셰어 생활에서 좋은 점

그냥 되게 다른 어르신들에 비해서 가깝게 하시고 빨리 정을 붙이시는 거 같은데, 그래도 손주들한테 하는 거랑은 다른...
주위에서 들어 보면 되게 잘 만났다고.
그리고 저희 친척들도 서울에 사는 분 있으니까 요즘 할머니들 그런 사람 없다고 얘기해요.

그때(대학기숙사)는 같이 있어도 잠만 잔다고 생각되서 그렇게 막 그래도 누군가 있어도 외롭다고 생각했는데, 할머니랑은 뭔가 좀 가깝게 됐잖아요. 그래서 지금이 더 좋고 괜찮아요. 친구들한테 혼자 사시는 어르신 이랑 같이 사는 건데 그냥 가끔 말벗 해드리거나 막 크게 시키시는, 해야하는 그런 건 없는데 혼자 사는 것보다 좋다고. 설명 해줘요.

지금 괜찮아요. 지금 좋아요.
할머니 되게 신경 쓰시고 착하시고. 네, 그냥 좋으세요. 다른 안 좋은 거 없고.

만족도로 따지자면, 5점 척도로 한다면

5점.
같이 지내는 거가 가장 만족해요.

홈셰어 어르신 또는 주거 환경의 선호 조건 있습니까?

어르신의 성별 조건 있습니까?
저는 당연히 여자라고 생각했어요.

어르신의 연령대는?
그런 거는 없었어요.

어르신의 성격에 대해서는?
그런거는 없어요. 그냥 지금 할머니처럼....

어르신의 흡연 여부는?
흡연 안 좋아요.

주거환경은 ?
학교를 걸어 다닐 정도 가까운게 좋은...
집 환경도 좋으면 좋겠다.
가까운 게 제일 중요하고, 그 다음이 집 깨끗한거, 그 다음이 임대료...

홈셰어 계약, 제도

처음에 친구얘기를 듣고, 구청에 바로 전화를 했습니까?
네.
구청에서 일단 오라고 해서 갔었던 거 같아요. 가서 약간 얘기하고.
그리고 그 같이 두 군덴가, 여기랑 한군데 더 집보고... 그리고 여기로 한다고 했어요.

홈셰어라는 사업설명 이해했습니까?
혼자 사시는 어르신이 방이 남은 거를 낮은 가격으로 주고 학생은 말벗이나 못하는 거 있잖아요. 막 그런 거, 가전제품 이런 거 하는 거.
도와 드리고 그리고 막 시장같이 가 드리고, 서로 좋은 그런 거를 한 다고.
설명이 이해하기 쉬웠고, 절차도 쉽게.

생활 서비스 대한 설명은?
꼭 해야 된다 이렇게 한 거는 아닌데, 그냥 자연스럽게 하는 거니까 말하지 않은 것 아닐까요?
네. '이런 취지이다' 이렇게.

이런거 해드려야겠구나' 하는 것이 있다면 무엇입니까?
말벗이요. 근데 그 말을 듣고 그래야겠다고 생각한 건 아닌데, 그냥 살면 그렇게 되니까. 별 생각은 없었어요 그냥.

협약식 하셨어요?
그때 구청 담당자가 그때 했을 때 여러번 바뀌어가지고 지금하기 전에 어떤 여자분하고 그전에 또 어떤 남자분 있었는데, 그 남자분이 소개를 시켜줬고 그 집을 선택했는데, 사인은 여자분이랑 같이하고 그리고 뭐 하다가 또 다른 분으로 바뀐 거예요. 그래서 뭔가 복잡하게 어떻게 돼가지고 한다 한다 이러다가 안 갔어요. 그거를.
네. 그때 안 바뀌었으면 했었을 거 같은데. 뭐 어떻게 해서 못갔고, 거기서 했는데 못갔는지 안했는지는 모르겠는데 저는, 할머니랑 저는 안 갔어요.

> 그래도 누군가 있으니까 얘기를 하고 어느 정도 의지를 할 수 있으니까 좀 더 밝게 지낼 수 있는 거 같아요.

구청에 요구할 사항이 있습니까?

서랍장. 그냥 옷 넣을 수 있는 정도. 다른 건 뭐...

잘 살고 있어서 뭘 바라거나 그런 건 딱히 없어요.

홈셰어 생활 후 달라진 점은 무엇입니까?

만약에 안했더라면 제가 뭔가 이 시기에 우울하게 지냈을 거 같아요.

공부하니까. 안 그래도 스트레스나 이런게 많고 또, 부모님도 다 지방에 계시고 잘 안 올라오시니까 '외롭다' 이렇게 생각하고 있는데, 그래도 누군가 있으니까, 얘기를 하고 어느 정도 의지를 할 수 있으니까 좀 더 밝게 지낼 수 있는 거 같아요.

성북구 돈암동 H 아파트

어르신 : 여, 71세

자녀는 1남 2녀로 모두 출가 독립 후,
노부부만의 생활하였으며,
현재는 어르신 혼자 생활하고 있다.
주거는 20여년 되었으며,
여유분의 방 3개에 대학생 3명과 홈셰어를 시작한지
2년 되고 있다.

어르신방
주거평면

어르신 건강은 어떠십니까?

아주 건강하게 잘 지내는데 요즘 무릎이 좀 아파요.

운동을 너무 무리하게 해버려 갖고. 신설동까지 왔다 갔다 걸어가고 했더니만, 무리해버렸어요.

무릎이 좀 아파. 그래갖고 인제 부정맥도 어제 아래께 보더니만 요즘 또 심해졌네 카더라. 자꾸 밥을 먹고 하니까 살이 찌니까, 무릎도 더 아픈 거야. 지 금.

하루 일과는 어떻게 지내 시고, 주로 밖에 많이 나가 세요?

활동을 많이 했어요. 집에 있는 성격이 아니에요. 봉사고 뭐시고 하~도 다녔어요. 집에 있는 성격이 아니에요. 집에 있으면 전 병이 나. 죽어도 집에 안 있어요. 뭐라도 하지.

옆집의 교수님이 우연히 인연이 돼 갖고, 우리 같은 이웃이고, 바로 옆라인인데. 나 봉사하는 줄 알고는 자기 애들 좀 봐 달라고 해 가지고, 이제 8월 달에 지금 5년째 봐요. 저는 그게 좋아요. 놀러 다니고 하는 것 보다도.

친정 엄마같이 나한테 다 맡겨놓고. 애들도 멀리 있는 우리 손자들 보다 더 좋아해요.

재밌어요. 내 생활이 재밌어요.

그 집에 갔다가 일곱시 넘어서 일곱시 반, 여덟시에 오면은 텔레비전 좀 잠깐, 밥도 잘 안 먹고 올 때도 많고 그래가... 텔레비전 잠깐 보다가 아홉시 되면, 잠 안 오면 아홉시, 열시까지. 안 그러면 아홉시에 방에 들어가지. 라디오 들으려고. 불교 라디오 들으려고.

아홉시 반. 아홉시에 내 방으로 들어갈 때도 있고. 열시 되면 바로 들어가 버려요.

아홉시 반. 아홉시에 내방으로 들어갈 때도 있고. 열시되면 바로 들어가 버려요. 어쨌든 학생들 공부하니까 학생들 피해 안 가게 해줘야지.

어쨌든 학생들 공부하니까 학생들 피해 안 가게 해줘야지.

생활력이 강해... 생활력이 너무 강해갖고 지금도 놀지를 못해요. 몸에 배어서, 알뜰하게 사는 거...

외로운, 그런 건 없어요. 저는 혼자 해도 외로운 그런 건 못 느껴요.

어떤 때는 내 생활이 만족하니까요. 남들 보면 하찮은 일인데도 어떤 때는 환심이 생겨요. 너무 행복한 거예요.

'한지붕 세대공감' 홈셰어는 어떻게 아셨습니까?

어느 날 갑자기 교수님 댁에 가서 신문을 딱 보니까, 이게 딱 눈에 들어오는 거예요. 서울시에서 처음에 딱 신문 냈을 때. 그래서 전화했더니만은 내가 빨리 했다고 그게 인연이 됐어요.

서울시에 했더니만 구청으로 전화하라고 그러시대.

저도 꿈을 이루었어요.

이제 2년째 하지. 작년에 보고 처음으로 시범적으로 성북구에서 처음하셨는갑대.
작년에. 예, 15년에. 그런 제도가 처음 생겼어요.
저는 딱 나오자마자 탁 본 거예요. 너무 잘됐지.

'한지붕 세대공감' 홈셰어는 왜 하시려고 생각하셨어요?

이것도 내가요 젊을 때부터 내 꿈이었어요. 내 꿈을 이룬거에요. 항상 애들 결혼해버리고 하면은 중앙난방이어서, 방 하나 쓰잖아요. 세개 방이 다 비어 있거든요. 너~무 중앙난방이라 가지고 온 집안이 너무 더우니까... 이 노는 방 지방학생들 와 갖고 있었으면 좋았을 텐데... 이런 생각을 가졌는데, 저는 학생들 할 생각을 못했어요.

나는 항상 이래 방 50평짜리 이사 와갖고, 빈방들이 많으니까. 거실이고 뭐 다 더우니까.
세상에 이렇게 훈훈한 집에는 집도 없고 어려운 사람들 많은데 와서 사람들만 착하면 좀 살게 해주면 얼마나 좋겠노. 내가 그런 생각 가끔, 늘 했어요. 젊을 때부터. 이것도 내 꿈은 이루어졌어요. 어쨌든 간에. 내가 하고 싶었던 거니까.

첫째는 경제적으로도 좀 어렵지마는, 내가 어쩔 땐 내 자신도 이래 관찰해 보면, 내가 만약에 여유가 돌아가고 이랬대도, 그래도 내가 했을까?.. 그래도 했을 거에요. 방이 다 비어 있으니까. 했을 거에요. 항상 젊을 때부터... 내가 했으면 좋겠다.

남한테 항상 불교에서는 보시를 많이 하라고 하거든요. 그거를 내가 물질적으로 많이 못하니까 이거나 마나 내가 해야 되겠다. 자꾸 이런 생각을 했지. 그런 마음으로 하는 거지.

자녀분은 홈셰어 하는거 알고 있으세요?

좋다고 하죠. 왜 그러냐면, 안 그러면 엄마 이집을... 겨울에는 관리비가 많이 나와요... 이사간다 캐도 내 혼자 엄두가 안 나는 거에요. 어디로 이사가야 하나. 정이 들어갖고 공기도 좋고 하니까. 그래갖고 내가 걱정했더니 우리 아들도 또 걱정이 되는가 봐요. 며느리하고. 그랬더니만 마침 이게 생겨나니까 아들도 좋다고 하는 거예요.

학생과 함께 생활하는 이야기를 해 주세요.

식사

밥을 잘 안 해먹어요. 사먹고 했는데... 토요일 일요일에는 학교를 안가니까. 내가 뭐 쌀값 해봐야 얼마 들겠나...
주말에는 밥 사먹으러 나가기 힘들잖아. 그래서 내가 밥, 쌀값 얼마나 할까 싶어갖고 밥솥에 밥을 해놔야겠다 싶어 반찬은 니가 늦게 들어 오면은 원플러스원 많이 팔거든요. 그래 내가 느그 먹고 싶은 거 사 갖고 밥은 내가 주말에 해 놓고마. 그랬거든요. 먹어라... 1학년 아이고, 처음이니까 모르잖아. 그래서 처음으로 객지에 내보낸다 싶어 갖고 내가 밥을 같이 해갖고 먹었어. 그래 지난번에 대구 내려가서 밥같이 먹었다 캤는가봐. 계속 인자 엄마가 올라 오면서 쌀을 사온다는 거야... 그래서 내가 쌀을 받으니까 어떡해. 그래갖고 이제 밥을 계속 해대는 거야. 24시간 해놓는 거야... 나는 당뇨를 조심하라... 그래 잡곡밥 먹으라카는데, 잡곡밥은 내가 해줄 수가 없잖아... 여름방학 때는 집에 가 갖고 엄마한테 밥솥을 쪼매난 걸 사 달라 캐라. 사갖고 집에서 해 먹어라. 할머니 잡곡밥을 섞어서 해 먹어야 되는데 그래갖고 해먹어야 된다 캤더니만 '할머니 저도 잡곡밥 좋아해요' 그래갖고는 '야, 잡곡은 비싸서 감당 못한다. 니 혼자 먹는 것도 어떤 때는 감당 못하는데'. 그래갖고 지금 계속 밥을 해놔요. 그래서 조금 늦게 와도 여덟시에 와도 밥 먹고 뭐... 또 저것들은 사먹을려면 비싸잖아요. 반찬은 대구에서 보내 오니까. 밥만 먹으면 되잖아, 얘도 그렇고. 다 경제나 공부하려면 어렵잖아. 그래서 내가 아이고 밥 좀, 쌀이 얼마 들어가든 밥은 계속 놓자 싶어갖고... 모르겠어. 앞으로도 이럴런지 모르겠어.

올해 들어온 애들한테 '주말에는 내가 밥통에 밥을 해놓을 테니까 반찬은 사서 해먹어라'. 그렇게 했거든요. 근데 범위가 넓어져 버렸어.

식사는 시간이 되면 같이하고 안 그러면 안 그러고.

부엌청소

아유, 어떨 땐 내가, 안 먹고 담가 놓으면은, 야야.. 할머니 또 해야 되니까 내비 둬, 내가 할게. 내가 그러지. 할머니 할 때 같이 해줄게.

저거는 할머니꺼 없을 때는 씻궈서 엎어 놓고, 할머니꺼 할거 있으면은 담가놔더라, 그냥... 저 먹고 있으면 놔두고.

인사, 대화하기

부엌에서도 어떤 때는 '할머니, 다녀

왔어요 나갔다 들어오면, '할머니, 다녀오셨어요', 너무 착하니까 애들도. 난 또 인정이 끌리니까. 없었으면 못 주지만 뭔가 주고 싶잖아요. 또. 나오면 다녀 오셨어요 한다니까요. 착해. 애들이.
어떨 때는 내가 방에 있으면은 내 방 앞에 와서 '할머니 다녀오겠습니다'.
착해요 애가 너무 착하다니까요. 여기까지 와서, '다녀오겠습니다' 예쁜 짓만 골라서 해.

'할머니, 다녀왔습니다' 문소리 나면 쫓아 나오고 '할머니 다녀왔습니다' 그러니 얼마나 예뻐요 그래.

컴퓨터, 핸드폰 작동법

또 모르면 내가 물어요. E야 이 컴퓨터 어떻게 하니 물어보면 알켜주고,
핸드폰도 기능은 많은데 제가 모르잖아요. 한번 또 잊어 불면 모르고.
그래 모르고 물어 볼 거 있으면, '야야~' 물으면 알켜주고 좋아요.

화장실 청소

어떨 땐 화장실 청소도 내가 해주고. 서로 안하니까.

쓰레기

지가 갖다버릴 때도 있고 내가 해 줄 때도 있고.

어르신 집에서 학생과 함께 사용하는 물건이나 장소 있습니까?

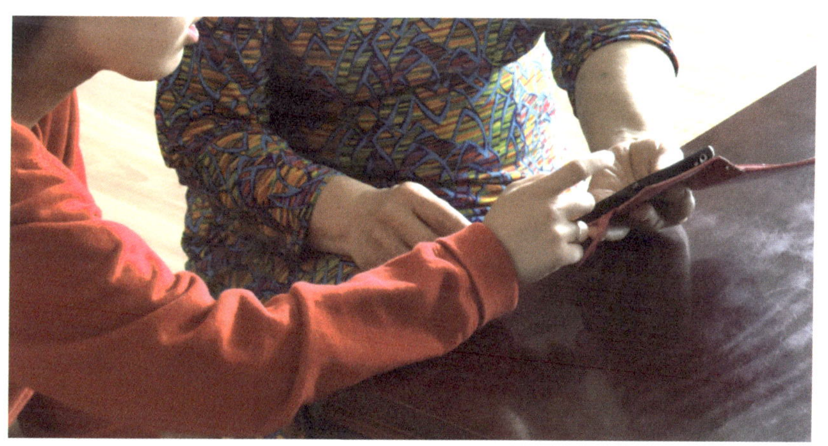

현관 도어락, 신발장

자동으로 열리니까.
번호 알려줬어. 자기네가 다 알고 열고, 들어오고 나가고.
신발장도.

거실, TV

Y가 잠깐 '할머니, 열시에 텔레비 봐도 되요?' 봐라 캤지. 10시 보고 잤나봐. 연속극...

세탁기, 세제

세탁기는 같이 쓰라 그랬어요.
세제는 각자.

부엌용품

그릇은 여기있는 거 쓰라 그랬어요... 수저도. 대구(E학생 부모님)는 갖고 올라 왔길래, 그릇은 보내 버리고 수저는 놔두고 갔어.
냉장고, 가스레인지, 밥통.
기름 같은 거 식용유. 다른 건 모르겠는데 양념... 간장도 넣어.

구청에서 홈셰어 설명을 어떻게 들으셨습니까?

방만 빌려주면 된다 그랬어요.
같이 라면 같은 것도 끓여 먹고, 해 먹을 수 있게 하라카길래 해라, 하라 그랬지요.

홈셰어 대학생의 선호 또는 조건 있습니까?

내가 조건을 걸었지. 외박하지 말 것, 집에 와서 술, 담배 하지 말 것, 남자친구 데려오지 말 것 세 가지를 지켜 달라고 조건을 걸었거든요.

학생의 성별 조건을 말씀하셨습니까?

여학생이면 여학생이고, 남학생 이면 남학생이다. 그래 해달라고...
섞이면 안 되잖아요. 될 수 있으면 여학생이면... 남학생은 또 술 먹고 그럼 겁이 나잖아. 할머니 혼자 있는데... 그래서 내가 여학생으로 해 달라고 했죠.

홈셰어 계약

구청에서 학생 소개할 때 어떤 정보를 받았습니까?

그냥 S여대 학생.
처음에는... 첫해는 인자 다 데리고 왔대. 와 갖고는 계약서도 다 써주고 해줬는데, 올해는 구청에서 학생들이 직접 가서 하던데, 나한테 받아 갖고는.
계약서를 해갖고는 구청에, 써갖고는 구청에 내고 그러는 거 같던데...
작년엔 처음이니까 어떻게 할 줄 몰라갖고 그렇게 했는데... 내 생각엔 그런 것 같아요. 구청 직원들도 바쁘잖아요.

(내집)보고가지 애들요. 보고 맘에 들면 계약서 써갖고 구청에 갖다 내지요.

구청에 요구하신 것이 있습니까?

구청에서는 도배를 해주거나...

아유~ 해주지요. 왜 그러냐면은...
작년에는 구청에서, 시에서도 잘 모르니까 이제 학생 하나 앞에 50만원씩 나왔어. 50만원 내에서 돈은 안 주고, 집수리를 해주는 거야. 학생들이 다니는 공간에만. 작년에는 방 하나, 세개. 아, 방 두개. 작년에는 두개했으니까. 50만원 하나씩 방을 해주는 거야. 올해는 이제 올라 갖고 100만원이다. 일인당 100만원씩 300만원 나와 갖고 거실하고 문짝하고 칠만 했어요.

나는 시에서도 전화번호 적어 놓고 가끔 궁금한 거 있으면 물어 보거든요.
그러면은 있던 학생이 또 있게 되면은 방 학생이 있을라 카길래 있게 돼도 시에서 보조가 나오냐카니까네, 나온다고 들었는데 구청에서는 안 나온다 카대요.
보조 100만원 수리 해주는 거. 안 나온다카더라니까. 모르겠어. 내가. 그건 내가 확실히.
집수리를 해야 되기 때문에. 싱크대고 화장실이고 다 해주는가 보던데.
돈은 안 내줘도 싱크대 같은 거 마루 같은 거 칠 같은 거 그런건 다 해준다고 하거든요.
나는 그거 보조 받아야지.

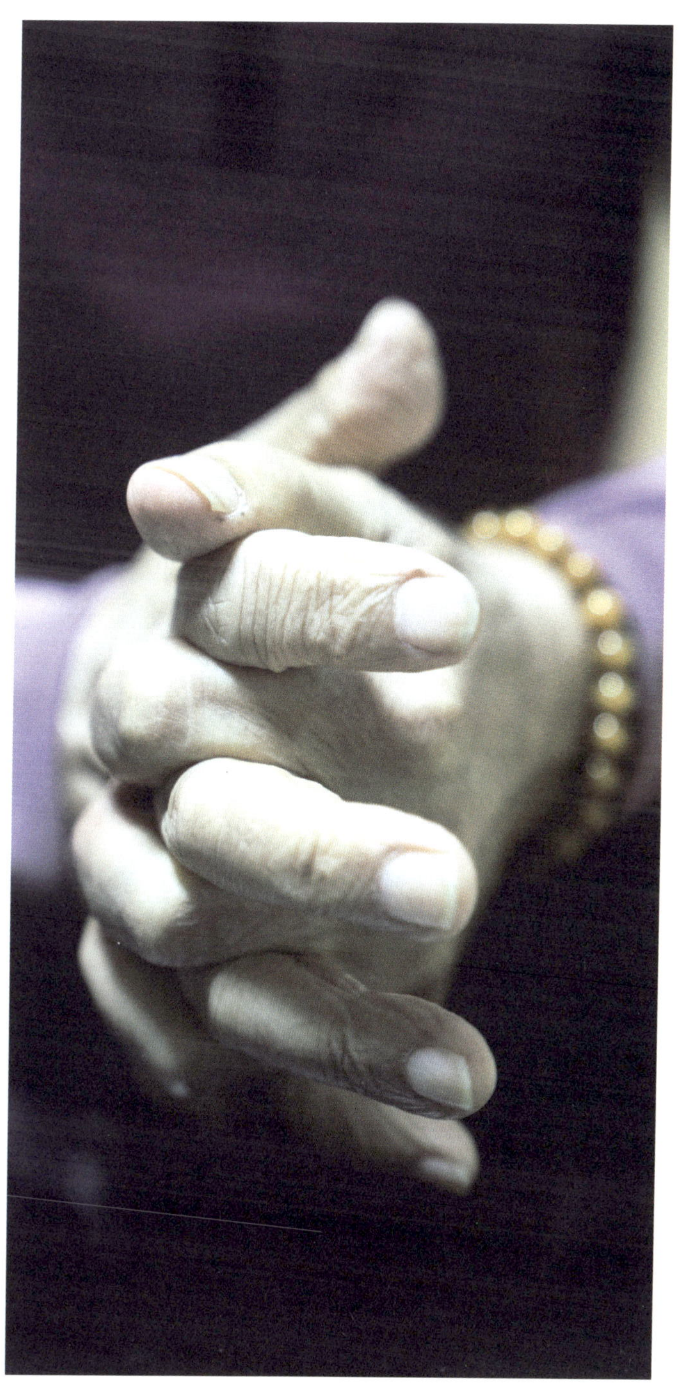

홈셰어를 하시면서 만족스러웠던 점은?

다 착하니까. 다들, 다 착해 애들이 하나 같이.
'할머니 다녀오셨어요~' 방에 들어갔더만, '할머니 다녀오셨어요~'
다 예뻐요. 애들이. 희한하게 착한 애들 다 들어와.
너무 고마워, 너무 고마워.

앞으로 계속 할거거든요. 계속 이 사업 할 거예요. 딴 데 이사 안 가도 되고, 뒷산은 공기 너무 좋아요. 산책로도 좋고.

젊은이들이랑 생활하니까 훨씬 좋아요.
젊은 애들 기를 받아서 그런지.
모르는 거 잘 묻고.

젊은이들이랑 생활하니까 훨씬 좋아요. 젊은 애들 기를 받아서 그런지. 모르는 거 잘 묻고.

학생들과의 홈셰어 공유생활을 어떻게 하는 것이 좋을까요?

늦게 오든 저 공부하다 한 거니까. 자뿌니까 언제 들어 온지도 몰라요. 몰라 들어오는지 나가는지. 신경 안 써.
깔끔한 사람은 못 봐요, 이런 거 사업 못 시켜. 나는 워낙 사람을 많이 부대끼고 했기 때문에 이거를 놓고 하는 거지, 깔끔하게 하는 사람들 같으면 부엌에 가갖고 막 이렇게... 못 봐...

요즘 애들 다 그렇다 생각하고 그렇게 받아 들여야지 내 틀에 맞추면 안 돼. 학생들 틀에 맞춰야 되지. 그래도 재네들은 불만이 많을 텐데, 뭐.
밤늦게 물을 써도 문 닫아 놓으면 하나도 안 들려요. 몰라요. 늦게 오면 세탁기 돌려도 몰라요. 저 시간 없어서 늦게 돌리는 거 누굴 탓해요.
항상 내 입장에서 생각 안하고 상대방 입장돼가 생각해주니까. 이해하기 쉽지 이제.

애들이 잘못하면, 이번에 온 애들은 지가 알아서 하니까 이야기를 안했는데, 어쩔 땐 내 마음과 똑같이 하진 않지. 내가 들어가서 한번 더 헹궈버리고 말아 버리지.

어떨 때 셋이 보면은 안됐다 싶어갖고, 어려 갖고, 마음이 또 끌리는 거야. 귀찮아도 내가, 항상 쌀 씻는 거 내가 다 해놓거든 항상.
아유, 저 착한 것들 싶어 갖고 한 가

족 같아요.
진짜 내 친가족 같진 않지만 그래도 가족 같아요. 손녀딸들 같아요.
어쨌든 나한테 왔으니까, 그것도 인연이거든요. 그래 내가 봐줄 때까지 봐줘야지.
어떨 땐 화장실도 머리카락 내가 좀 더 치워주고 지저분하면 닦아주고. 요즘 애들 다 그렇잖아요.

나는 인자 모든 걸 항상 활짝 열고 항상 상대방 입장이 돼가 생각하고 하니까, 또 내가 하고 싶어했던 일이기 때문에 모든 걸 다 소화시키지, 혼자 깔끔하게 혼자 집에 있는 사람들은 힘들거에요. 원래 내 생각이 그래요

같이 살아 좀 불편하다 생각하세요?

아유 없어요. 그런 거. 그런 거 있으면 아예 이런 것 하지 말아야지.

학생들과의 홈셰어 공유생활에서 주의하는 점이 있습니까?

안방을 잠그고 나갈 때도 있고 그냥 나갈 때도 있고.
그 전에 한번은 나갔다 왔더니만 문이 열리는 게 올라가 있어요. 내려야만 문이 열리거든? 위에 올려 갖고는 열다가 안돼서 놔두고가 버린거 같애. 내 생각에. 그래서 그런 후로는 내가 항상 잠그고 다니거든요. 안방을.
그래가지고 비밀번호를 다 바꿨는데, 대학생 여럿이니까 모르잖아.
또 인제. 얘들이 그런게 아니고 다른 애들도 알 수 있으면은.

안방에 별로 중요한건 없는데 그래도 인자 잠그고 다녀야겠다 싶어 갖고 그 후론 잠가요.

홈셰어 권유 하시겠습니까?

하죠. 너무 좋다 그러죠, 이야기를 하죠.

주변에서 뭐라 하세요?

잘됐다 카죠. 안 그럼 혼자 이사가야 되는데, 할머니 혼자 잘 됐다고.

Seongbuk

성북구 돈암동 H 아파트

대학생 : 여, 19세

고등학교때 기숙사 생활을 하고, 지방에서 서울로 대학진학과 함께 거주할 집을 찾게 되었으며, 홈셰어 생활은 처음으로 현재 3개월째이다. 어르신 주거의 방 3개 모두 여학생이 홈셰어하고 있으며, 이중에서 가장 신입생으로 입주하였다.

청년방
주거평면

제 생각에는 안전 때문에
조금 더 그런 거 같아요.
자취가 엄마가 맨날 위험하다고
그러셨는데, 여기 살면
같이 사니까 덜 위험하잖아요.

학생의 학교생활, 하루 일과를 이야기 해 주세요.

아.. 연극을 자주 보러 다녀요.

학교에서 돌아오면 옷 갈아입고, 제가 아르바이트를 하거든요. 그래서 아르바이트 월수금하고, 화요일, 목요일은 수업이 늦게 끝나서, 친구들과 같이 밥 먹고 늦게 들어오고 하면 바로 집, 여기 방으로 들어와서, 바로 씻고 자고 하는데, 아르바이트 끝나고는.

저녁 아르바이트 하는 날 저녁은 집에 와서 먹고, 화요일, 목요일, 토요일, 일요일 저녁은 주로 밖에 나가서 먹어요.

'한지붕 세대공감' 홈셰어를 하게 된 동기는 무엇입니까?

제가 대학을 붙어 가지고. 근데 이미 원룸이 다 빠진 상태였거든요.

되게 많이 알아보고 결정을 내린 거에요.
무슨 마포인가? 마포구 근처에 대학생 기숙사? 그런 것도 있었고, 되게 많았거든요? 근데, 마포는 통학거리가 너무 멀고, 그래서 원룸은 좋은 데는 이미 다 빠지고, 가격만 너무 비싸고 그래 가지고.
같이 찾아보다가, 엄마랑 얘기 하고 '그래 그러면 여기하자' 해서, '그래' 하고... 학교와 가깝고 그리고 싸요.

제 생각에는 안전 때문에 조금 더 그런 거 같아요.
지취가 엄마가 맨날 위험하다고 그러셨는데, 여기 살면, 같이 사니까 덜 위험하잖아요.

Seongbuk

'한지붕 세대공감' 홈셰어는 어떻게 알게 되었습니까?

그래서 엄마가 찾으시다가 이거를 찾으셨나 봐요.
인터넷으로 찾으셨던. 그냥 네이버에. 성북구에 성북구 근처에 살고 이런걸 쳤는데, 웹페이지인가 그쪽에 룸셰어링인가 나왔나 봐요. 그래서 구청에 전화해 보고.
엄마가 대단하다 저도 그렇게 생각해요.

홈셰어 내용은 알고 있습니까?

이 목적이, 성북구청에서 목적이 학생에게 집을 제공하고, 할머니는 혼자 계시면 적적하니까, 말동무가 되면서 그렇게 해야 된다라고 해서, 아~ 그렇게 해야겠다. 늘 그렇게 생각은 하고 있는데, 그게 매일 매일... 매일 매일 쉽지는 않은 거 같아요.

홈셰어가 불편할거라고 생각을 안 했어서, 별로 그렇게 불편한 걸 못 느끼고 있는데, 진짜 약간 반성하고 있는 게, 그 진짜 목표가 할머니가 안 외롭고 그런 건데. 목표가 그건데, 너무 예전보다 대화 시간이 줄었다는 거를 느끼고 있어서.
집에 혼자 계시면, 놀 때는 당연히 생각이 안 나는데, 집에 들어와서 있다 보면은 제가 항상 여기 나와 있는 거 아니고, 할머니 TV보실 때는 저도 안에 들어가가지고 뭘 하고 있을 때가 많거든요. 그러면, 아 밖에 나가서 대화라도 해야 되나? 이런 생각이 들기도 하는데.

저는 진짜 나중에 여기 뒤에 산에 산책을 한번 같이 가고 싶어요. 진짜.

홈셰어 생활에서 만족 또는 좋은 점

만족은... 5점으로 하면 3.5점 정도 되는 거 같아요.
저는 자취보다 자취하는 친구들 얘기 들어보니까 그거 보다 이게 더 좋은 거 같아요.

주방 쓸 수 있고 여기 거실 있고 여기 내 방 있고 그 다음에 네가 해 먹으면 되고, 할머니께서 해주셔서 너무 편하게 살고 있어요.

저는 지금은 어르신한테 되게 만족하고 있는.

홈셰어 공유생활로 불편한 점

냉장고 공동사용인데, 칸이 따로 없고요. 그냥 같이 놨두는데 자기 껀 자기가 아니까, 그런데 그게 문제가 있는 거죠. 누가... 누가 내꺼를 먹는지 모르고,
음식이 자꾸 사라지고,
이름을 써놔도, 소용 없어요. 집을 비우고 나면, 누가 뭘...
그래서 2명이면 내가 없을 때, 1명이 얘가 먹었구나 하는 데, 3명이면 둘 중에 누가 먹었지?
우유를 진짜 큰 거를 샀는데, 콘푸라이트 먹는다고 우유를 샀는데, 제가 진짜 딱 한번 먹었거든요? 한번 먹었는데, 그 다음날 아침에 먹으려고 봤는데 우유가 없는 거예요. 아직 안 풀었어요.
사실, 이때까지 반찬이 줄어드는 느낌은 많이 있었는데,

통화를 하면 다 들리거든요.
제 방이 여기인가요? 제가 이렇게 새벽에 방에 있었는데, 막 싸우는 소

리가 들리는 거예요. 저는 맨 처음에 밖에서 싸우는 줄 알고 문을 열고 나와서 여기 밖에를 막 봤어요. 밖이 너무 고요한 거에요. 그래서 이게 뭐지? 하면서 방에 딱 들어가려고 한 순간에 이 방에서 통화로 얘기하는 것도 다 들리고, 이거는 진짜 조금 조심해줬으면 좋겠다 싶을 정도의 크기였는데.
밤에 제 방이 먼 편인데 하물며 바로 앞에 있는 방에서는 얼마나 크게 들릴까 그 생각이 드니까, 왜 이렇게 조심을 안하지? 그 생각이 들었어요.

다 성인이고 각자 스케쥴이 있는데, 시간을 잡아서 하는 거는 좀 불편할 수 있는데, 자는 시간을 제외한 시간 아무 때나 쓰면 될 거 같은데, 12시? 밤 12시? 이럴 때, 갑자기 와서... 그리고 어두우니까 빨래를 못 널잖아요.
여기 불을 키면 제 방이라서 바로 앞에 주황색 불이 화악~ 그렇게 되거든요.
그래서 직접 마주보고 얘기할 시간이 잘 없어요.
한 날은 편지를 써 가지고 방 입구에 놨뒀거든요. 읽어 보라고. 그런데 그러고 나서는 세탁 시간이 조금 한 10시로 약간 땡겨진 거 같아요.

부엌에 여기 저기 라디오, 키티 저거 라디오거든요. 저거를 틀어 놓으시고.

아침 하시면서 라디오를 틀으시면 방에 들리기는 하는데, 그게 막 이렇게 시끄러워 정도는 아니고, 아 할머니 일어나셨구나.

어르신 집을 어떻게 사용하나요?

저는 주로 여기, 식탁.
주로 방에 들어가서 할 거 가지고 나와서 여기서(식탁, 테이블) 해요.
노트북 하거나 여기서 휴대폰 하거나.

저는 TV도 잘 안보고, 주로 할머니가 TV를 보고 계시기 때문에, 저는 방 답답하면, 여기 나와서 노트북 하고.
하루 종일 집에 있었던 적이 없어서 잘 모르겠는데, 주로 일어나서, 침대에 조금 누워 있다가, 밥 먹고, 씻고, 다시 방에 들어가서 준비하고, 나가고. 거의...

집에 아무도 없다. 아무도 없을 때
저 막 노래 부르고 다녀요.
아무도 없으면 저 진짜 많이 돌아다녀요.
거실 가서 막 노래 부르고... 집에 누가 있을 때 부를 수는 없 으니까

어르신과 대화 또는 교류생활 하세요?

대화, 인사하기

할머니하고 대화를 한다던가 해요.
밥 먹으면서.
매일 매일 대화는 하죠. 시간이 길거나, 유의미하지가 않다는 거...

음~ 초기에는 여기 적응하느라 많이 안 돌아다니고, 집에 있었는데, 그 때는 할머니랑 TV보면서도 얘기하고 했는데, 적응을 너무 빨리 해버려 가지고, 밖에 돌아다닐 시간이 너무 많아서, 요새는 밥 먹을 때 정도만 같이 얘기하고, 그 외에는 제가 다 밖에 나가 있어서.

돌아가신 할아버지 이야기를 주로 들었고요. 그 다음에 할머니 사위 분이랑 가족 이야기 듣고, 그 다음에 할머니가 친하게 지내시는 분 중에 같은 아파트인 거 같은 데, K대 교수님? 이 계신가 봐요. 그 분 얘기? 듣고, 주로 그런거 같아요.
저는 주로 듣는... 할머니한테, 남 자친구 얘기를 할 수가 없어요.
아직 그 만큼 친하지가 않아서...

뭐, 저는 할머니한테, 되게 자질구레한 얘기들 많이 했는데, 지금은 그게 뭐였는지, 기억이 잘 안 나요.

전화하기

처음에는 전화가 오시더라구요. 처음에는 집에 일찍 일찍 들어 왔는데, 한 날 되게 늦으니까 전화를 하셨는데, 저는 아무 생각을 못했는데, 할머니께서 걱정하시고 전화해주셔서, '아, 늦어요' 하고 나서 그 뒤로는 늦어도 딱히 말씀 안 하시고, 그 다음날 아침에 얼굴 보게 되면, '어제 많이 늦게 들어왔니?' 그러면 '아, 몇 시쯤에 들어왔어요' 하고요. '들어왔으면 됐다' 이렇게.

식사 및 정리

주말에는 할머니랑 같이 식사 해요. 아침에 주로 점심, 저녁은 제가 밖에 나가서 노니까. 그리고 주중에는 가끔 같은 학교 휴학하고 있는 언니가 8시쯤 되면 집에 가끔 오시거든요. 그래서 그때, 저녁 먹고 있으면 같이 먹고, 먹고 나면 설거지는 할머니가 주로 다 해주세요. 할머니께서.

언니들과 같이 먹고 나면 해야 되는데... 이렇게 쌓아 놓고 가면 그냥, 하는 김에 제가 해요.

심부름

가끔, 오는 길에 우유 하나만 사와라. 그러면 가서 우유 하나 사서 오면 할머니는 우유 넣어서 만드시고.

아니면 건전지 같은 거, 다이소가 학교 근처에 있으니까, E야, 이거 규격 같은 거 보고 찍어가서 하나만 사와라. 그런 거 부탁 하실 때도 있고,

쓰레기 분리

저기 걸어 놓은 게 있잖아요. 저기가 재활용 넣는 곳인데, 방에서 재활용품이 생기면 바로 저는 갖다 넣고, 휴지 같은 쓰레기는 방 안의 쓰레기통에 넣고 차면 묶어서 여기 내 놓으면, 할머니께서 종량제 봉투에 넣어서 갖다 버리시는 거 같아요.

저는 주로 여기 갔다 놓기만 하고, 할머니께서 다 해주세요.

어르신과 함께 사용하는 물건이나 장소 있습니까?

거실, 와이파이

여기 와이파이가 있어요. 공유기. 할머니 꺼예요

부엌용품

냉장고, 식탁, 그릇은 같이 쓰는데...

다용도실

세탁기가 있어서 같이 써요. 빨래 바로 널고.

화장실

언니들과 같이 써요. 할머니는 안방에 딸려 있는 거 쓰시고.

제 머리카락 줍는 정도만, 머리카락 줍는 정도만 하지 청소까지는 안 해 봤어요. 할머니께서 화장실 청소를 가끔 해주시는 거 같아요.
화장실에 휴지가 계속 계속 생기는데, 언니들 건지, 할머니께서 내 놓으시는 건지 잘 모르겠어요.

현관, 신발장

도어락 비밀번호 같이 공유해요.
신발장도 같이 셰어하고.
저 지금 신고 있는 실내화도 할머니 꺼예요.

학생이 가져온 물건은 무엇인가요?

침구류

방 안에는 다 개인 물건이고, 매트리스긴 한데... 침대, 책상,
그 다음에 행거, 옷걸이랑. 그리고 수납장 같은 거, 거울 같은 거.
제 방 청소도구는 제게 따로 있어요.
걸레랑 쓰레받이.

주방용품, 음식

수저는 제 꺼. 냉장고 안에 음식도 개인 물건이에요. 쌀을, 제가 사오긴 사 왔는데, 할머니 꺼 다 먹고 나면, 제 거를 개봉 하실 생각인가 봐요.

화장실용품

욕실용품은 각자. 화장실에 위치가 있어요. 위치가.

홈셰어 계약

일년으로 계약을...
제가 여기에 와서 직접 계약을 한 건 아니고, 어머니가 와서 하셨는데, 계약서에 보니까 2017년까지 돼 있더라고요.

대구에 있을 때 엄마랑 저랑 구청 홈페이지에 가면 그 지도가 뜨면서 그 집 내부를 볼 수가 있거든요. 구청에

가서 맨 처음에 '집을 보고 싶다' 라고 했더니만 직원이 '가는 길은 여기로 가면 된다' 해서 엄마 아빠는 차타고 오셔서 여기 보고.

제가 계약을 하던 때가 대학교 엠티날 이어가지고, 제가 계약을 한 게 아니고 부모님이 오셔서 보고, 방은 제가 고른게 아니고, 엄마가 와서 고르셨거든요. 제가 방을 고른게 아니에요. 다른 방이 되게 작다고 들었어요. 그래서 너무 답답할 거다. 그래가지고 큰 방을.

근데 다 이해하고 왔는데, 맨 처음에는 밥은 안 해주신다 이렇게 하셨는데, 여기 할머니께서 밥은 해주셔가지고. 밥만.
원래는 방만 이렇게 사는 건줄 알았는데, 밥을 해 주셔 가지고.

홈셰어를 앞으로 계속 하고 싶으세요?

가격만 안 올라가면 계속 있고 싶은데.

홈셰어 생활에서 입주자들이 고쳐야 할 부분이 있다면?

제가 기숙사 생활을 오래 해서, 기숙사에서는 절대 그렇게 쾅쾅 못 닫거든요.
그런 것만 조심하면 되는 거 같아요. 그 사람이 자는 시간이 있는데, 자는 시간에 별로 안 소란스럽거나, 늦게 들어올 때 문 도어를 쾅쾅 닫는 경우가 있거든요. 그러면 왔네. 여실하게 알게 되니까. 그 정도만 조심하면 될 거 같아요.

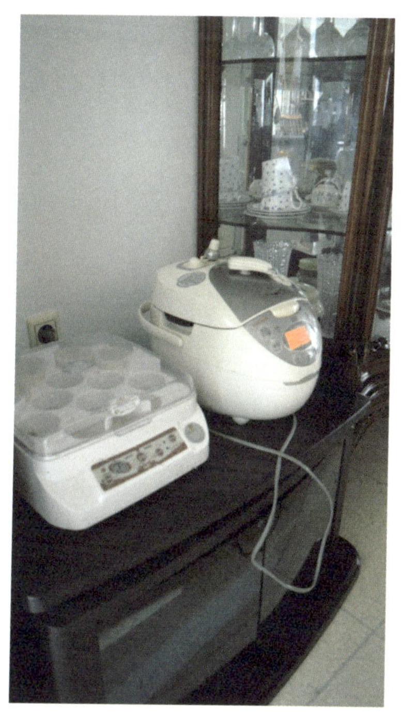

여기도 당연히 공동 삶이고, 나이만 20살이지 다 같이 사는 삶이고 다 힘든데, 쾅쾅하고 다 자고 있는데, 샤워를 크게 한다거나 노래를 크게 틀어 놓고 다닌다거나 이거는 좀 아닌 거 같다 했는데, 기숙사 생활을 안 해서 그런지? 아닌지...

다 같이 모여서 뭐가 불편 했는지, 제가 한 것도 분명히 불편했던 점이 있을 거 같은데, 그걸 맨 처음에 집에 와서 할머니는 빼고 3명이서 얘기를 해보고 싶었어요. 뭐가 불편 할 거 같은지, 그런데 그게 잘 안되더라고요.

그래서 그 상태로 오다 보니깐 저는 저 나름데로 왜 이렇게 사는거지? 그런 생각이 들고, 언니들은 또 어떻게 생각을 하는지. 모르고.

나중에 3명이 앉아서 얘기를 해 보면 좋겠다 라는 생각을 해보고 있어요.

홈셰어를 주변의 지인이나 친구한테 말하세요?

제가 같은 학교 선배님이 아르바이트 하고 계시는데, 자취하시나봐요. '자취 비용이 너무 비싸가지고 어떻게 할지 모르겠다' 하셔서, 이거를 소개를 해드렸거든요. 이미 지금 방이 다 찬 상태인가 봐요. 나중에 방 비거나, 혹시 제가 나오게 되면 좀 알려달라고.

친구 중에 K대 다니는 친구가 있는데, 그 친구도 자취하고 있거든요. 그래서 혹시 나중에 방이 비게 되면 오라고.

Homesharing Process and Manual

4 홈셰어 프로세스, 신청양식

홈셰어로 만난

고령자와 청년의 **'Live' House**

Need for Homesharing Process & Manual

4.1 홈셰어 프로세스, 신청양식 매뉴얼의 필요

홈셰어 인터뷰를 통하여 고령자와 청년은 경제적 필요성에 의해 주거를 공유하는 요인이 크다는 것을 알 수 있다. 그리고 고령자는 나 홀로 생활로 부터 받는 외로움이 크게 작용하고 있었다. 고령자와 청년은 각자 혼자 감당하는 것 보다는 더 좋은 주거생활을 얻을 수 있는 이점과 주거유지라는 비용부담으로부터 조금이라도 해결할 수 있는 방법으로 홈셰어를 하고 있으며, 홈셰어는 이를 제공하고 있다.

인터뷰 과정에서 고령자와 청년은 함께 생활하는 공유생활을 상호 이해하고 배려하려는 생활을 하고 있으며, 고령자는 청년을 통하여, 청년은 고령자를 통해 사회적 연결을 간접적으로 경험하고 있음을 알 수 있다. 공유생활하는 고령자와 청년은 혈연관계가 아닌, 비혈연관계로 매칭이 이루어진 가족구성이다. 고령자는 주거에 어떤 청년을 맞이하게 될지, 청년 또한 마찬가지로 고령자에 대한 어려움과 주거를 찾아야하는 일련의 과정이 모두에게 확실하지 않은 단계를 거치면서 기대와 불안이 공존 할 수 있다는 것이다. 고령자, 청년이 올바른 룸메이트가 될 수 있는지에 대한 불확실성이다. 그럼에도 불구하고 함께 배려하고 배워가면서 자연스럽게 가족과 같은 감정이 만들어지고 비혈연이라는 긴장이 완화되면서 공유생활로 발전시킬 수 있는 것이 홈셰어가 갖는 본연의 정의일 것이다.

홈셰어는 고령자와 청년을 매칭하는 과정을 거쳐 공유생활을 시작하는 것이기 때문에, 매칭하기 위한 과정이 매우 중요하다. '어떤 청년이 좋을까?' '괜찮은 청년이면 좋겠는데' '누가 나와 함께 살고 싶어 할까?' '고령자의 성격은 어떨까?' '주거환경은 좋은가? 어느 정도일까?' '나의 할머니도 아닌데, 고령자와 같이 살 수 있을까?' '고령자에게 어떤 서비스를 해야 하나? ' '아무도 찾지 못하면 어떻게 하지?'

'임대료가 얼마인가?'... 처음 만나는 사람을 찾고 받아들이기는 어려울 것이다. 서로 원하는 사항이 다를 것이며, 무엇보다 서로에 대해 모르고 함께 생활해야 할지에 대하여 확신하지 못하기 때문이다.
그래서 매칭 초기 고령자와 청년에 대한 기본정보와 상담은 매우 중요하고 필수요소이다. 이로부터 고령자와 청년의 생활상과 홈셰어에 대한 생각, 주거정보, 요구조건 등을 알 수 있으며, 이것이 기본 자료가 되어 고령자와 청년의 상호 적합한 요인을 찾을 수 있기 때문이다.

단순히 고령자 주거 여분의 빈방을 주거를 구하는 청년에게 소개하고 매칭하는 것이 아닌, 고령자와 청년의 개인적인 생활상과 홈셰어를 위한 물리적 내용을 융합한다면 처음 만나는 '상대방을 받아들이기 어렵다', '함께 살 수 있을까?'에 대한 불확실성이 줄어들고 나의 기준과 적절한 상대방을 찾을 수 있는 긍정적인 관계로 발전시킬 수 있을 것이다. 그 결과 매칭으로 연결하고 홈셰어 생활을 유지하는데도 유효하게 작용하는 원동력이 된다.
A할머니는 친손녀와 같은 대학생이 들어와서 너무 좋고, D할머니께서는 홀로 집에 있는 것이 싫었는데, 이젠 학생이 항상 저녁에 들어오니 집에 누군가와 함께 있다는 것이 안심되고 너무 좋다. F할머니께서는 학생이 왔다갔다 달그락 소리 나니 집에 훈기가 도는 공유생활을 즐기고 있다. 나를 위한 것이 무엇이든, 당신이 어떤 생활을 하고 싶은지, 나와 잘 맞고 좋은 공유자를 찾고 유지하는 방법을 알게 될 것이며, 이의 뒷받침이 되어줄 홈셰어 프로세스와 신청양식인 매뉴얼이 필요하다.

Homesharing Process

4.2 홈셰어 프로세스

홈셰어를 진행하기 위한 전체 과정을 다음과 같은 모델로 제안하며, 각 자치구의 상황에 맞게 조정 할 수 있다.

청년	단계	고령자
· 청년용 신청서 사항을 작성하여 신청합니다	**신청** Application	· 고령자용 신청서 사항을 작성하여 신청합니다.
· 신청한 청년과의 상담을 마련합니다.(1차, 2차 상담) · 청년의 신분 확인, 홈셰어가 청년을 위하여 어떻게 도움을 줄 수 있는지 자세한 이야기를 합니다. · 고령자 주거 및 임대하는 여분의 방에 대한 설명을 합니다. · 청년이 우리에게 방문하거나 또는 청년의 대학(소속)에서 상담할 수 있습니다.	**상담** Interview	· 신청한 고령자와의 상담을 마련합니다.(1차, 2차 상담) · 고령자에 대하여 알게되고 홈셰어가 어떻게 고령자를 위해 도움을 줄 수 있는지 이야기합니다. · 고령자 주거를 방문하고 임대하는 여분의 방을 체크합니다.
· 청년용 일상적인 생활양식을 작성합니다. · 홈셰어하는 이유, 고령자과의 공유생활 가능 등을 이야기합니다. · 이것은 고령자(Householder)와의 매칭을 위한 자료로 사용합니다. · 비공개 프로필로 진행합니다.	**생활 프로필 작성** Profile	· 고령자의 일상적인 생활양식을 작성합니다. · 이것은 고령자(Householder)과의 매칭을 위한 자료로 사용합니다. · 비공개 프로필로 진행합니다.
· 잠재적인 고령자를 선정하면 청년에게 프로필을 공유합니다. · 선정한 고령자과의 만남을 계획합니다. · 청년과 함께 고령자의 주거 방문과 임대하는 여분의 방을 볼 수 있습니다.	**매칭과 공유** Matching with Share	· 잠재적인 청년을 선정하면 고령자에게 프로필을 공유합니다. · 고령자와 선정한 청년과의 만남을 계획합니다.
· 청년은 선정한 고령자과의 홈셰어 생활 가능성에 대한 의견 회의를 합니다. · 성공적인 매칭과 홈셰어 생활의 지속가능을 위한 최종 점검단계 · 고령자와 청년과의 공유생활규칙 의논 및 결정 · 홈셰어 계약 진행	**회의 및 계획** Meeting & Context	· 고령자는 선정한 청년과의 홈셰어 생활 가능성에 대한 의견 회의를 합니다. · 성공적인 매칭과 홈셰어 생활의 지속가능을 위한 최종 점검단계 · 고령자와 청년과의 공유생활규칙 의논 및 결정 · 홈셰어 계약 진행
· 청년은 고령자 주거로 이동합니다. · 홈셰어 기간 동안 정기적인 모임 및 비상연락을 통하여 공유생활 유지를 위한 지원을 합니다.	**이동과 공유생활시작** Move-in & Intergrounational	· 청년은 고령자 주거로 이동합니다. · 홈셰어 기간 동안 정기적인 모임 및 비상연락을 통하여 공유생활 유지를 위한 지원을 합니다.

4.3 홈셰어 참여하는 고령자 매뉴얼

고령자는 주택을 소유하고, 여유의 방을 청년에게 공유하기 때문에 홈셰어를 희망하는 청년에게 제공하고 청년과의 매칭을 위한 내부자료이다. 공개자료와 비공개자료로 분류한다.

고령자 모집요건

고령자는 다음의 조건을 만족하여야 한다.

· 집을 소유하고 있으며, 여분의 방이 있어야 한다.
· 청년과의 홈셰어를 긍정적으로 생각한다.
· 청년은 고령자의 개인적인 관리사가 아님을 인식해야 한다.
· 청년과의 커뮤니케이션과 공동생활에 대하여 긍정적이여야 한다.
· 홈셰어에 대한 설명을 받고 이해하고 실천할 수 있어야 한다.

고령자 기본정보

고령자의 개인적인 사회관, 인생관, 세대에 대한 생각 등으로 공개와 비공개 정보이다.
홈셰어에 대한 관심, 이해정도 등 고령자와의 대화, 면담 진행으로 얻을 수 있는 자료로 분류 정리한다.

· 의식
· 활동 시간대
· 홈셰어 동기

일반 공개용 정보 General Information ; Public

고령자 정보 고령자 정보	등록번호 : 내용
이름	
나이	세
성별	남 / 여
출생지	
직업(프로필)	무 / 유 ( )
홈셰어 희망일	년 월 일

개인 비공개 정보 Personal Information ; Optional Private : 면담 시 승인을 얻어 선별적 공개할 수 있다

고령자 정보 고령자 정보	등록번호 : 내용	
학력		
현 주소 현 주소	우편번호 : 상세주소 :	
가족구성		
주택유형		
개인적 활동	무 / 유 ( )	
소속단체	무 / 유 ( )	
취미	무 / 유 ( )	
애완동물	무 / 유	
흡연	무 / 유	
주량	무 / 유	
자동차 소유	무 / 유	
운전면허	무 / 유	
식사 준비 가능	아니오 / 예	
하숙 또는 홈셰어 경험 하숙 또는 홈셰어 경험	무 / 유	언제 : 누구와 :
희망 청년조건	성별, 성격, 대학	
희망 임대금액	원 / 달	

개인 일상 활동정보 Daily Schedule & Optinal Information

통원, 입원 경력 : 무
유 ....

소 득 : ....원 / 월

종 교 : 무
유 ....

지병, 알레르기 : 무
유 ....

일상 시간 및 활동기록 :

	시간	활동 내용
오전	5	
	6	
	7	
	8	
	9	
	10	
	11	
오후	12	
	13	
	14	
	15	
	16	
	17	
	18	
	19	
	20	
	21	
	22	
	23	
	24	
오전	1	
	2	
	3	
	4	
기타		

1주일 라이프 사이클 Weekly Activities : 일상에 대한 생활을 자유롭게 이야기 주세요.

월요일	화요일	수요일

목요일	금요일	토요일

일요일

홈셰어 동기 : ....

홈셰어는 어떻게 알게 되었습니까 : ....

집에서 도움을 받기 희망 합니까? : 아니오

예 ....

고령자 연락정보 Elderly Householder Contact Information

고령자 정보	기록	
현 주소 현 주소	우편번호 :	
	주소 :	
전화번호 / 휴대폰		
SMS	e-mail	
	face book	
가족(친척) 정보	전화번호 :	
	주소 :	
가족 승인	예 / 아니오	

고령자 신청서

Householder Application Form

홈셰어 코리아 신청서 예시

접수자 :	접수번호 :
일 시 : 년 월 일	

고령자 정보

이름 :	
연령 :	성별 : 남 / 여
주소 :	
전화번호 :	핸드폰 :
직업 :	
주택유형 : 단독주택 / 아파트 / 오피스텔 / 연립주택 / 빌라 / 기타	
홈셰어 경험이 있습니까 ? 예 / 아니오	
취미 또는 개인적 활동이 있습니까? 예 / 아니오	

현재 홈셰어 가능한 여분의 빈방이 있습니까?	예 / 아니오
혼자 살고 있습니까 ?	예 / 아니오 ( )
흡연하고 있습니까 ?	예 / 아니오
술을 마십니까 ?	예 / 아니오
애완동물이 있습니까 ?	예 / 아니오
자동차 소유하고 있습니까 ?	예 / 아니오
운전면허 소유하고 있습니까 ?	예 / 아니오

www.homesharekorea.com

홈셰어

청년으로부터 도움을 받기 원합니까 ?
홈셰어 시작 후, 어떤 도움을 받거나 또는 함께 하고 싶습니까 ? 청소 / 식사 준비 / 식사 / 시장가기 / 세탁 / 산책 / 이야기 / 심부름 병원 가기 / 비상시 자녀에게 연락 / 컴퓨터 작동법 / 핸드폰 사용법 / 화분 물주기 / 드라이브 함께 하기 / TV 함께 보기 / 애완동물 돌보기 / 취미 / 마당 가꾸기 / 기타 ( )
생활 서비스는 일주일에 몇 시간 받고 싶습니까 ? 시간 / 1주
생활서비스를 받는다면 어떤 요일이 좋습니까 ? 일요일( ) 월요일 ( ) 화요일 ( ) 수요일 ( ) 목요일 ( ) 금요일 ( ) 토요일 ( )
홈셰어는 어떻게 알게 되었습니까 ?
홈셰어를 하는 이유는 무엇입니까 ?
가족 또는 자녀들이 홈셰어 신청을 알고 있습니까 ?
입주하는 청년의 성별 선호 있습니까 ?
음주하는 청년과 같이 생활할 수 있습니까 ?
희망하는 임대 금액 ? 월 / 달

홈셰어 공유생활에서 청년이 함께 사용할 수 있는 장소를 선택해 주십시오.

거실 / 부엌 / 화장실 / 다용도실 / 발코니 / 창고 / 주차장
현관 / 마당 / 기타 (   )

청년과 함께 사용할 수 있는 물품을 선택해 주십시오.

TV / 소파 / 세탁기 / 건조기 / 냉장고 / 식탁, 의자 / 밥솥 / 전자레인지 /
가스레인지 / 그릇 / 냄비, 후라이팬 / 청소기 / 화장지 / 인터넷 공유기 / 정수기 /
침구류 / 현관열쇠 / 기타 (   )

홈셰어 신청 접수 :

홈셰어 단체에서 매칭을 위한 상기 신청서 개인정보 및 내용에 동의합니다.

날짜 : 20 . . .   성명 :   (인)

---

* 상세한 내용은 입주 청년(청년)과 상의하여 변경 가능함.

* 신청접수 후, 2차 상세한 상담 진행이 있을 수 있습니다.

신청해 주셔서 감사합니다.

신청관련 지원은 Homeshare Korea : www.homesharekorea.com 가 도움을 드리며,
문의 및 신청은 hskorea19@gmail.com으로 연락 바랍니다.

Factory 4

4.4
홈셰어 참여하는 청년 매뉴얼

홈셰어를 희망하는 청년의 면담자료로 정리하여 보관하는 내부자료로 사용하며, 공개자료는 고령자와의 매칭을 위한 홈셰어 신청서에 적용하여 사용한다.

청년 모집요건

청년은 다음의 조건을 만족하여야 한다.

- 서울시에 거주하거나 앞으로 거주 예정인 청년.
- 심신이 건강하고 돌봄이나 보호를 필요로 하지 않다
- 돌봄 역할과 도움을 주는 것을 긍정적으로 생각한다.
- 고령자와의 커뮤니케이션을 부정적으로 생각하지 않아야 한다.
- 홈셰어는 수익사업이 아니며, 사회공헌사업으로 이해하고 인식을 갖어야 하며, 이에 대한 공감을 갖고 실천할 수 있어야 한다.
- 기타

청년 기본정보

청년의 개인적인 사회관, 인생관, 세대 차이에 대한 생각 등으로 홈셰어에 필요한 기본적인 정보 내용이다. 청년모집요건을 파악하기 위해 필요하며, 홈셰어에 대한 관심, 고령자에 대한 이해정도 등 청년과의 대화, 면담 진행 으로 얻을 수 있는 자료로 분류 정리한다.

- 의식
- 활동 시간대
- 홈셰어 동기

일반 공개용 정보 General Information ; Public

청년 정보	등록번호 :
	내용
이름	
나이	세
성별	남 / 여
출생지	
대학 / 학년 / 전공	
홈셰어 희망일	년 월 일

개인 비공개 정보 Personal Information ; Optional Private

청년 정보	등록번호 :	
	내용	
학력		
현 주소	우편번호 :	
	상세주소 :	
현, 주택유형		
현, 임대계약일		
개인적 활동	무 / 유 ( )	
소속단체	무 / 유 ( )	
취미	무 / 유 ( )	
애완동물	무 / 유	
흡연	무 / 유	
주량	무 / 유	
자동차 소유	무 / 유	
운전면허	무 / 유	
식사 준비 가능	아니오 / 예	
하숙 또는 홈셰어 경험	무 / 유	언제 :
		누구와 :
희망 주택유형		
희망 거주지역		
희망 임대금액	원 / 달	
희망 고령자조건	성별, 연령, 성격	

개인 일상 활동정보 Daily Schedule & Optinal Information

출 생 지 : ....

소 득 : ....원 / 월

아르바이트 : 무
유 ....

통원, 입원경력 : 무
유 ....

알레르기 : 무
유 ....

종 교 : 무
유 ....

현, 주거생활비 : .... 원 / 월

일상 시간 및 활동기록 :

시간		활동 내용
오전	5	
	6	
	7	
	8	
	9	
	10	
	11	
오후	12	
	13	
	14	
	15	
	16	
	17	
	18	
	19	
	20	
	21	
	22	
	23	
	24	
오전	1	
	2	
	3	
	4	
기타		

1주일 라이프 사이클 Weekly Activities : 일상에 대한 생활을 자유롭게 이야기 주세요.

월요일	화요일	수요일
목요일	금요일	토요일
일요일		

홈셰어 동기 : ....

홈셰이는 어떻게 알게 되었습니까 : ....

집에서 도움을 받기 희망 합니까? : 아니오

예 ....

청년 연락정보 Young Man Contact Information

고령자 정보	기록	
현 주소 현 주소	우편번호 :	
	주소 :	
전화번호 / 휴대폰		
SMS	e-mail	
	face book	
가족(친척) 정보	전화번호 :	
	주소 :	
가족 승인	예 / 아니오	

청년 신청서

Householder Application Form

홈셰어 코리아 신청서 예시

접수자 :	접수번호 :
일 시 : 년 월 일	

고령자 정보

이름 :	
연령 :	성별 : 남 / 여
주소 :	
전화번호 :	핸드폰 :
대학 / 학과 / 학년 :	
홈셰어 경험이 있습니까 ? 예 / 아니오	
취미 또는 개인적 활동이 있습니까? 예 / 아니오	

현재 거주형태 : 자취 / 하숙 / 부모님 주거 / 기숙사 / 기타 (   )
혼자 살고 있습니까 ?   예 / 아니오 (   )
흡연하고 있습니까 ?   예 / 아니오
술을 마십니까 ?   예 / 아니오
애완동물이 있습니까 ?   예 / 아니오
자동차 소유하고 있습니까 ?   예 / 아니오
운전면허 소유하고 있습니까 ?   예 / 아니오

홈셰어

희망하는 주거유형 있습니까 ? 단독주택 / 아파트 / 오피스텔 / 연립주택 / 발라 / 기타 ( )
희망하는 거주지역이 있습니까 ?
홈셰어는 어떻게 알게 되었습니까 ?
홈셰어를 하는 이유는 무엇입니까 ?
부모님이 홈셰어 신청을 알고 있습니까 ?
입주하는 주거의 고령자 성별 선호 있습니까 ? 할머니 / 할아버지 / 할머니 할아버지 부부 / 기타 ( )
음주하는 고령자와 같이 생활할 수 있습니까 ?
희망하는 임대 금액 원 / 달
홈셰어 시작 희망하는 날짜 : 년 월 일

고령자에게 생활 서비스를 해 드릴 수 있습니까?
고령자에게 어떤 생활서비스를 할 수 있습니까 ? 청소 / 식사 준비 / 식사 / 요리 / 시장가기 / 세탁 / 산책 / 이야기 / 심부름 / 병원 가기 / 비상시 응급 연락 / 컴퓨터 작동법 / 핸드폰 사용법 / 화분 물주기 / 드라이브 함께 하기 / TV 함께 보기 / 애완동물 돌보기 / 취미 도움 / 마당 가꾸기 / 기타 ( )
생활서비스는 일주일에 몇 시간 가능 합니까 ? 시간 / 1주

HOMESHARE KOREA
www.homesharekorea.com

생활서비스를 한다면 가능한 요일을 선택해 주십시오. 일요일( ) 월요일 ( ) 화요일 ( ) 수요일 ( ) 목요일 ( ) 금요일 ( ) 토요일 ( )
생활서비스 가능한 시간을 선택해 주십시오. 아침 ( ) 점심 ( ) 저녁 ( ) 주말 ( ) 자유시간 ( ) 계획한 시간 ( )

홈셰어 신청 자료	보증인 증명서 1부 재학 증명서 1부

홈셰어 신청 접수 : 홈셰어 단체에서 매칭을 위한 상기 신청서 개인정보 및 내용에 동의합니다. 날짜 : 20 . . . 성명 : (인)

* 상세한 내용은 입주 고령자와 상의하여 변경 가능함.
* 신청접수 후, 2차 상세한 상담 진행이 있을 수 있습니다.

신청해 주셔서 감사합니다.
신청관련 지원은 Homeshare Korea : www.homesharekorea.com 가 도움을 드리며,
문의 및 신청은 hskorea19@gmail.com으로 연락 바랍니다.

4.5 홈셰어 고령자 주거 청년 방 정보

홈셰어에 참여하는 청년이 고령자의 주거 및 입주 할 방에 대한 정보를 알기 위한 Work Sheet로서 홍보의 역할도 담당한다

홈셰어 청년 임대방 정보(사례)

www.homesharekorea.com

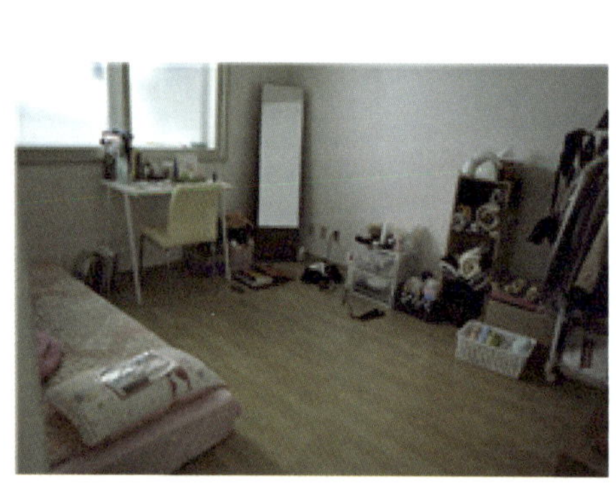
청년방

화장실

거실

부엌

현관

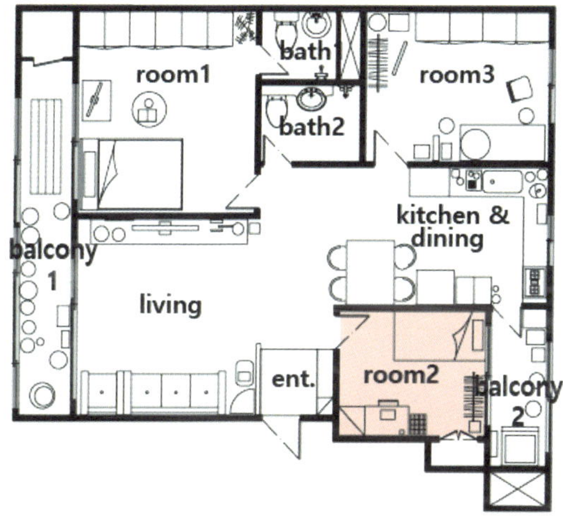

주거평면도

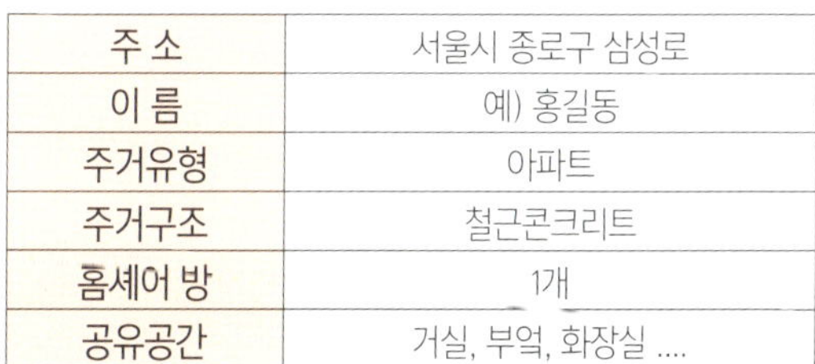

주 소	서울시 종로구 삼성로
이 름	예) 홍길동
주거유형	아파트
주거구조	철근콘크리트
홈셰어 방	1개
공유공간	거실, 부엌, 화장실 ....

임대료	원 / 월
수도사용비	무 / 유
가스사용비	무 / 유
광열비	무 / 유
기타	

맺는 말

고령자와 대학생의 공유생활, 게다가 이들의 관계는 우리의 전형적인 가족이 아닌 비혈연이라는 구성이다. 과거의 하숙과는 또 다른 유형이다. 경제적인 측면이 강한 하숙과는 다른 홈셰어(Homeshare)는 마치 혈연관계와 유사한 공간공유와 함께, 상호 생활의 일부분도 함께 공유하며 세대 차이를 뛰어넘는, 고령자와 대학생과의 시너지를 높이는 신개념의 거주형태로 볼 수 있습니다.

고령자가 공유생활하는 대학생에 대하는 마음은 손자, 손녀와 같은 세대로 배려가 높고, 대학생은 친할머니 또는 친할아버지와 같은 고령자에 대한 이해를 조금이나마 이해하려는 마음가짐을 갖게 하는 공유생활을 엿볼 수 있었습니다.
물론, 여전히 세대간 완전한 이해심을 갖고 있다고는 말 할 수는 없지만, 홈셰어(Homeshare)의 'Live' 이야기는 앞으로 지속성을 갖을 수 있을지, 아닌지에 대한 그 방향을 읽을 수 있는 점이 중요하다고 생각합니다.

단지, '한지붕 세대공감' 사업의 성과를 정량적인 결과보다는 앞으로 다가올 미래의 주거, 가족, 사회생활을 어떻게 생각하며 살아갈 것인지에 대한 폭 넓은 측면에서 배울 수 있는 홈셰어(Homeshare)의 개념과 목표를 정성적으로 파악할 필요가 있음을 이 책을 통하여 전달하고 싶었습니다.

"혼자 있으면 싫은데... 저녁에는 얘(대학생)가 온다 그런 생각을 하면 안심이되지."
"젊은이랑 생활하니까 훨씬 좋아요. 젊은 기를 받아서 그런지. 다 착해 애들이. 할머니 다녀오셨어요! 나한테 인사도 하고... 너무 고마워, 너무 고마워" 밝은 얼굴로 입가의 웃음을 보이시는 할머니의 말씀.
"불편할거라고 생각은 안 했어서,... 별로 그렇게 불편한 걸 못 느끼고 있는데... 너무 편하게 살고 있어요. 그냥 집 같아요."
" 핸드폰 알려드린 적이 있어요. 사진을 보내고 싶다고 하셔가지고. "
명랑하고 활기찬 대학생의 이야기.

매우 어렵게 고령자와 대학생의 홈셰어(Homeshare) 생활과 생각을 들을 수 있었고, 방문을 통한 주거현황도 파악 할 수 있었기 때문에 이 귀중한 이야기를 공유하는데 출판의 목적을 두고자 하였으며, 출판을 위해 인터뷰에 참여해 주신 분들께 다시 한 번 깊이 감사를 표합니다.

2021년 3월 **서귀숙, 김주연**

발 행 일 | 2021년 3월 30일

지 은 이 | 서귀숙
(숭실대학교, 건축학부 실내건축 전공 교수)
김주연
(숭실대학교, 건축학부 실내건축 전공 부교수)

펴 낸 이 | 장범식

펴 낸 곳 | 숭실대학교 지식정보처 중앙도서관

등 록 | 제14-2호(1982.1.25)
서울 동작구 상도로 369
TEL. 02-820-0731
FAX. 05-817-5297
http://press.ssu.ac.kr

디 자 인 | 하 영 진 (더레드)

인 쇄 | 네오프린텍

가 격 | 19,000원

isbn